문예신서
2010

알아서 하라고요?
좋죠, 하지만 혼자는 싫어요!

자율성의 바른 용법

에티 부젱

김교신 옮김

東 文 選

알아서 하라고요? 좋죠, 하지만 혼자는 싫어요!

Etty Buzyn
Me débrouiller, oui, mais pas tout seul!
Du bon usage de l'autonomie

© Éditions Albin Michel S.A., 2001

일찍 유년기의 권리를 빼앗기고
너무 빨리 어른이 되어 버린
나의 어머니 엘렌과
나의 남편 엘리에게

차 례

서 론

　무대는 자동차 안. 아버지 옆에 앉은 열한 살짜리 소년이 갑자기 눈꺼풀 속에 먼지가 들어갔다고 투덜댄다. 차를 멈추고 눈에 들어간 이물질을 빼줄까 하고 물어보는 아버지에게 소년은 짜증 섞인 목소리로 대답한다. "됐어. 아빠 눈에는 내가 아직도 아기로 보여?" 아버지는 이 말을 독립에 대한 정당한 요구로 해석하고, 고집 부리지 않고 가던 길을 계속 간다. 하지만 곧 소년은 자신의 고통을 다시 하소연한다. 그러자 아버지는 조금 바뀌긴 했지만 그래도 계속 동정적인 어조로 아들에게 휴지로 눈꺼풀 속에 자리잡은 불청객을 제거해 볼 것을 권한다. 사려 깊은 이 충고에 화가 난 당사자는 격렬한 어조로 결국 이렇게 대꾸한다. "내가 어떻게 그렇게 해. 아빠 나를 어른 취급하고 있어!"

　이 예는 평범한 부모가 평범한 자녀의 도전을 접했을 때 예상할 수 있는 것을 보여준다. 성장과 독립이라는 불가피한 과정에 진입한 자녀를 둔 부모라면 이와 비슷한 상황에 정기적으로 처하게 될 것이다. 과보호와 무관심 사이에서 끊임없이 재협상해야 할 타협물인 자율성은 교육의 핵심이다. 이 소년의 경우 어른에게 그날의 타협은 어쩌면 그냥 거기, 그 자리에 있으면서 아이가 스스로에게 물어보는, 그러나 반드시 대답을 기대하지는 않는 것에 관한 이 학습을 지지해 주는 것일지 모른다. 사실 아이에게 중요한 것은 주도권을 쥐고 자신의 해결책을 스스로 찾는 것이다.

부모가 자신의 말에 귀기울여 주는 것, 아이에게 중요한 것은 그것이다. 거기에 아이의 요구가 존재한다. 교육의 중요한 목표 중 하나는 살아가면서 끊임없이 부딪칠 자율성에 관한 실험들 앞에서 상반되는 감정을 느낄 아이와 그 아이에게 용기를 북돋워 주는 사명을 띠고 암중모색하는 부모와 교육자들 간의 이러한 복잡한 관계 속에 자리한다. 모든 어려움이 자율성에 관한 이 상호 조정 속에 들어 있다. 우리는 '부모의 존재'라는 기본 개념이 얼마나 잘 변화할 수 있는지 보게 될 것이다. 마치 우리가 연애점을 칠 때처럼 어미변화하면서…….[1]

"존재한다,

　　　조금,

　　　　　많이,

　　　　　　　지나치게,

　　　　　　　　　충분치 않게,

　　　　　　　　　　　전혀!"

'자율성(autonomie)'이라는 말은 자기 자신을 뜻하는 'auto'와 법을 의미하는 'nomos'의 합성어이다. 따라서 자율성을 획득한다는 것은 '자신의 법을 자신에게 부여하다'라는 뜻이 될 것이다. 물론 이때 섬세한 의미의 차이를 알아야 하는데, 왜냐하면 공동법에 대한 모든 구성원의 동의 없이 가능한 사회는 이 세상에 없기 때문이다. 그리고 거기서 모든 과장된 해석이 나올 수 있고 혼란이 닥칠 수도 있다!

---

1) 꽃잎을 따며 "그는(또는 그녀는)나를 사랑한다, 조금, 많이, 정열적으로, 미친 듯이, 전혀"라고 말한다.〔역주〕

오늘날 자율성은 하나의 '확실한 가치'로 간주되고 있다. 자율성의 획득은 아이로 하여금 자기를 1백 퍼센트 실현하게 해줌으로써 '자기 인생의 기획자'가 되게 해주는 것으로 간주되고 있다. 그렇다고 해서 요즘 유행하는 이 자율성이라는 개념의 모호함이 덜해지는 것은 아니다. 왜냐하면 자율성은 아이를 성공을 위한 계획 속에 당장 집어넣겠다는 생각의 연장선상에 존재하고 그 계획에 따르자면 조숙함이 필수이기 때문이다. 다시 말해 아이가 빨리 자율성을 갖게 될수록 성공할 가능성도 더 높아진다고 생각하는 것이다. 따라서 그들의 당면과제가 된 이 목표에 의해 정신이 혼미해진 부모들은 아이의 인생 초기에 없어서는 안 될 정서적 안정감을 희생시켜 가면서까지 자율화 과정에 박차를 가한다.

"난 자율적인 인간이 되라는 말이 지겨워요!" 올해 열한 살인 한 소년은 상담중에 뜻밖에도 이렇게 외쳤다. 아이가 만족스러워하기는커녕 일종의 포화 상태를 표현하는 것처럼 보일 때 거기에 어떤 모순은 없는지? 아이는 어떻게 보면 함부로, 독단적으로 강요된 이 거짓 자율성 속에서 자신이 하나의 사기로 간주한 것의 규칙을 충실히 지키기를 거부한 것은 아닐까?

매일의 진료 속에서 나는 이런 모순성을 찾아내기에 이르렀다. 그것은 당사자가 아동이냐 부모냐에 따라 대개 정반대로 표현됐다. 부모는 자식이 가능한 한 일찍 자율성을 획득해야 하는 필요성을 이야기하는 데 반해 아이들은 불만으로 대립했다. 그리고 그 불만은 부모가 나를 버리지 않을까 하는 두려움, 스스로 자신을 돌보는 느낌과 흡사할 때가 너무 많았다. 부모와 자식들은 그들을 대립시키는 어떤 오해 속에 갇혀 있었고 그것은 우리가 한번 매달려 볼 만한 주제이다.

인성 발달에서 중요한 비중을 차지하는 이 자율성이란 개념에 할애된 심오한 의미를 정의하다 보면 우리는 각자의 바람을 존중하면서 부모와 자식 간의 관계를 더 바람직한 방향으로 조정할 수 있게 될 것이다. 그것은 현대 사회에 의해 만들어지고 부추겨지고 있는 최근의 이러한 경향의 결과에 대해 한층 광범위하게 자문하게 만든다. 이러한 경향은 한편으로는 아이들의 이익을 위한 것일 수도 있지만 어쩌면 사회 자체의 이익을 위한 것일지도 모른다. 사실 우리는 어떻게 보면 아이 자신과 그 아이의 욕구를 부담함으로써, 아니면 아이의 나이에 따라 다양한 공동 시설에 위탁함으로써 부모가 시간을 내주지 못하고 함께 있어 주지 못하는 점을 상쇄해 줄 것을 아이에게 요구하고 있지는 않은지?

게다가 우리는 때 이른 사회화에 대한 요구들이 반드시 아이의 깊은 정서적 욕구를 충족시켜 주는 것만은 아니며, 아이의 고유한 리듬은 전혀 존중하지 않고 있음에도 불구하고 조화로운 정서적 심리 과정의 발달을 재는 기준이 바로 그것이라는 것도 알고 있다.

모든 인간은 태어날 때부터 자신의 생사가 달린 욕구들을 보장해 주는 어른들, 특히 자식의 '또 하나의 나' 역할을 맡은 어머니에게 전적으로 의존한다. 하지만 인생 초기의 이러한 육체적·정신적 의존과 병행하여 모든 아이는 자기 자신이 알아서 모든 일을 처리해 낼 수 있는 능력을 자연스럽게 갈망하게 된다.

진정한 자율성은 모든 아동이 갖고 있는, 마음 놓이는 의존을 경험하고자 하는 본능적인 욕구와 그뒤 자신의 고유한 리듬에 맞게 거기서 벗어날 수 있는 타고난 능력을 통합하는 데 있다. 하지만 아동은 또한 부모가 그를 위해 구상한 계획들과 모든 아동이 날 때부터 물려받는 가족사의 무게로부터도 해방되어야 한다.

한 아동이 자율적인 인간이 되도록 도우려면 단계적 추진력이 필요하다. 그것은 아동이 자신의 '자율성을 획득' 하는 과정을 부모가 동행하는 것이다. 이는 아동에게 '주문에 의한 자율성' 으로 명령하는 '스스로 책임지기' 와는 대조적인 것이다. 이것의 실천은 유예를 용납하지 않는다. 이제 아동이 '나 혼자' 를 외치며 부모의 망설임으로부터 조금씩 조정의 자유를 손에 넣는 것은 불가능한 일이 되어 버렸다. 하지만 어른들의 명령에 의해 자율적으로 행동해야 하는 아동에게 상황은 모순되어 보인다.

그리하여 부모와 자식들은 모두 의존과 자율 사이에서 항구적으로 흔들리게 되었다. 나는 여러 가지 임상적 관찰들을 통해 그것을 거론할 작정이다. 아동의 발달 단계를 존중하고 자기 자신의 인생을 통제하는 면에서 아동의 성숙함을 염려하는 교육자들의 선택은 바로 이 두 개의 극단적 입장 사이에서 행해져야 할 것이다. 부모와 자녀 간에 어떤 추진력이 형성되려면 몇몇 조건들이 필요하다. 그리고 그 추진력의 핵심은 "내가 혼자서 하는 걸 잘 보세요!"라는 구절로 요약될 수 있을 것이다.

따라서 온전한 자율성이라는 교육적 대안이 제자리를 찾아야 한다. 그런데 이것은 부모가 자녀의 기대에 부응하는 정도를 자문해 보지 않고서는 이루어질 수 없다.

그렇다고 해도 이렇게 중요한 문제를 우리가 처한 사회문화적 상황을 고려하지 않고 검토할 수는 없다. 아이를 갖고 싶은 욕망과 대조되는 여성의 독립 문제, 특히 어머니들에게 가해지는 직장 세계에서의

압력 문제, 부부의 이혼 나아가 한 부모 가정에 의해 제기되는 문제들
이 그것이다.

1

타고난 자율적 성향

"미래를 향한 진정한 너그러움은 현재에 모든 것
을 바치는 데 있다."

알베르 카뮈

임신중에 태아는 안전한 어머니 배 속에서 보호받는다. 태아는 그
곳에서 자신의 리듬에 맞추어 자라는 데 필요한 모든 것을 발견하며,
어머니는 아이의 신체적 발달과 미래의 정신적 발달에 대한 욕구에 알
맞은 환경을 제공하기만 하면 된다. 단 이때 태아가 어머니, 나아가 부
모의 기분에 민감해야 한다. 프랑수아즈 돌토는 복중 아기에게 더 이
상 우선권을 주지 않는 어머니는 아기의 성장을 정지시킬 수 있다는 견
해를 제시한 바 있다. 이렇듯 임신 추적 조사를 많이 관찰해 본 결과
우리는 어머니는 태아의 정상적 발달의 보증인이기도 하지만, 또한 태
아의 상태에 비해 과도한 위험을 부담함으로써, 또는 그녀에게 우울증
을 야기할 수 있는 여러 가지 외상성의 사건들로 인해 태아에 대한 염
려에서 벗어남으로써 태아를 위험에 빠뜨릴 수도 있다는 것을 알게
되었다.

오늘날 우리는 태아가 자신의 태어남을 주도한다는 것, 마지막 순
간에 어머니 배에서 벗어나기 위한 행동을 개시한다는 것을 알고 있

다. 최초의 자율성 발현인 것이다! 그렇지만 출산과 관계되어 지나치게 자주 인위적인 시작을 강요하는 과도한 의료 행위로 인해 우리는 아기가 아직 준비가 안 됐음에도 불구하고 태어날 것, 어머니에게서 떨어져 나올 것을 강요한다. 이것이 최초의 강요된 자율성이다. 그것은 그들의 관계를 확립하는 데 유해할 수 있다.

출생의 통상적인 속편은 신생아가 어머니와의 단일성을 가지고 행하는 체험이다. 이러한 상태의 공존은 실제로 미숙한 아기로 하여금 자신의 욕구를 느끼고 해석하고 만족시키기에 가장 적합한 사람인 어머니에게 의지하게 만드는데, 왜냐하면 그녀는 아기와 일체가 될 수 있는 직관과 능력을 단숨에 획득했기 때문이다. 이러한 힘은 일찍이 도널드 W. 위니코트[2]가 '어머니의 원초적 염려'로 묘사한 것 속에서 그 기원을 찾을 수 있는데, 그것은 출산 전과 후를 연결하는 연속적 과정이다.

신생아는 신체적 미숙함 때문에 인생의 초기 동안 전적인 의존 속에 머물러 있지만 사실 그의 타고난 성향은 태어날 때부터 만들어지는 추진력을 가지고 융합에서 독립을 향해 조금씩 나아가는 것이다. 그리고 이러한 성향은 필요한 시간과 공간만 주어진다면 변하지 않을 것이다.

그렇지만 자율성을 향한 점진적 접근은 선도자의 존재 없이는 생각할 수 없다. 그리고 그것이 '어머니 환경'이라는 은유가 가리키는 바이며(왜냐하면 초기에 아기에게 어머니는 아버지를 포함하여 그의 세상 전체를 상징하기 때문이다), 아기에게 안전하다는 느낌을 주는 데 꼭 필

---

2) 도널드 W. 위니코트, 《놀이와 현실 *Jeu et Réalité*》, 갈리마르 출판사, 1977년.

요한 뒷받침이 되어 준다.

어머니 환경에 대한 유아의 극단적 의존은, 이 세상은 자신에게 적대적이지 않고 오히려 그가 믿을 수 있는 어떤 곳이라는 것을 최초로 경험하게 해준다. 실제로 우리는 '한 아기가 느낄 수 있는 보살핌이 얼마나 심리적 욕구를 만족시키는지' 알고 있다. '비록 그것이 육체적 욕구에만 관계된 것처럼 보이더라도' 말이다. 나아가 아기의 육체적·정신적 생존에 중요한 보살핌과 사랑을 주는 어머니 환경은 그의 기대에 부합해야 하고, 거기서 '관계의 영속성에 대한 염려'의 중요성이 나오며, 빈번하게 되풀이되는 또는 너무 일찍 부과된 정서적 결핍과 단절은 유해한 암초로 남게 될 것이다(이 문제는 뒤에서 다시 다룰 것이다).

그러므로 한 아이가 어머니와 거리두기를 받아들이려면 사전에 '충분히 좋은' 어머니와 긍정적인 경험을 해둬야 한다. 그래야 분리 과정에 긍정적으로 대처할 수 있고 일상 생활에서 피할 수 없는 이별을 불안 없이 수용할 수 있다. 이를 두고 D. W. 위니코트는 이렇게 표현했다. "……어머니가 아이에게 '모든 것'이었던 적이 없다면 아이는 어머니라는 존재를 영원히 포기할 수 없다."[3]

어머니가 아기에게 잘 적응하지 못해서 충분한 '제2의 나'를 의미할 수 없었던 신생아는 훗날 주변 세상을 탐색할 용기를 내는 데 필요한 신뢰감을 획득하기 어려울지 모른다. 반대로 아이의 독립 의사에 방해가 되는 '지나치게 이해심 많은' 어머니의 과보호 경향도 해로울 수 있다. 왜냐하면 그것은 아이의 삶의 추진력을 저지할 뿐이기 때문

---

3) *ibid.*

이다. "부모들은 생명을 믿지 않는다. 자궁 안에 있을 때 이 생명은 어머니의 간섭 없이 너무나 자연스럽게 굴러갔건만." 프랑수아즈 돌토는 그렇게 썼다.[4] 이러한 자연의 원칙은 필요성에 의해 절대적인 의존에서 할 수 있는 한 최선을 다해 자율성을 수용하는 쪽으로 가려는 성향을 가진 아이의 발달 전반에 걸쳐 유효할 것이다. 그리고 이것은 아이들 자신은 물론 부모가 어떤 것들을 포기하지 않고서는 이루어질 수 없다. 왜냐하면 분만할 때 어머니와 아이의 융합 관계의 단절이 있었던 것처럼 아이로 하여금 자율적 자아를 획득하게 하려면 다른 이별도 필요하기 때문이다.

베니

R부인은 아들 문제를 상담하러 온다. 무척이나 불안정한 아들의 수면이 부모에게 쉴 틈을 주지 않기 때문이다.

두 살 된 베니는 태어날 때부터 지금까지 매일 하룻밤에도 몇 번씩 잠을 깼다. 베니는 이 부부에게 첫째아이이고 R부인은 아이가 무척 불안해한다고 했다. 그녀의 말에 따르면 베니는 엄마와 한시도 떨어져 있지 않으려고 하며 R부인은 아이에게 완전히 헌신하기 위해 임신 초에 직장을 그만두었다.

어린이집에 적응시키려는 시도는 결국 실패로 끝나 버렸다. R부인

---

4) 프랑수아즈 돌토, 《아동기의 주요 단계 *Les Étapes majeures de l'enfance*》, 갈리마르 출판사, 폴리오 총서, 1994년.

20 알아서 하라고요? 좋죠, 하지만 혼자는 싫어요!

은 자신의 아들을 낯선 환경과 집단 속에 둔다는 사실이 너무나 걱정 스러워서 어린이집에서 발걸음을 뗄 수가 없으며, 다시 아이를 데려오고 싶은 충동적 욕구를 뿌리치기 힘들다는 사실(그녀가 우리에게 그렇게 말했다)을 고려할 때 그것이 자기 탓이라고 순순히 말했다.

그런데 어린이집 직원들의 말에 따르면 어머니 앞에서는 구슬프게 우는 베니가 엄마가 없을 때에는 오히려 잘 적응을 하는 편이라고 했다.

R부인은 베니를 친정어머니에게는 맡기지 못하는 반면 자기 여동생에게는 쉽사리 맡겼다. 그녀는 그것을 이렇게 표현했다. "아이를 줘요!" 그리고 그녀는 자신이 네 살 때 일인 여동생의 출생을 언급했다. 여동생은 생후 2주 때 뇌막염을 앓았다. 그뒤 1년이 부모에게는 불안의 연속이었다. 여동생이 병원 응급실에 실려 갔을 때 R부인은 영문도 모른 채 이웃집에 맡겨졌다.

그리고 그것이 그녀를 또 다른 사건으로 몰고 갔다. 사실 여동생이 태어나기 두 달 전에 R부인은 미리 통고도 받지 못한 채 새 학교에 맡겨졌다. 그녀는 어머니가 올 때까지 탈진한 채 운동장에 남아 있었다. 명석한 R부인은 자신이 선택한 탁아 방식의 실패 원인을 자각하고 있었다. 그녀는 말했다. "난 달리 어떻게 해야 할지 모르겠어요. 아이 손을 놓을 수가 없어요. 나로서도 어쩔 수가 없다고요." 그것은 베니와 그의 엄마가, 누가 둘을 떨어뜨리지 않을까 하는 두려움 속에 서로 부둥켜안고 나를 기다리던 대기실에서 처음 만났을 때부터 확인된 사실이었다. 어머니와 아이 중 누가 이런 의존 징후를 유발했는가를 결정하기가 불가능할 정도로.

상담하는 동안 사무실에 들어와 있어도 좋다는 내 말에 안심한 베니는 엄마를 놓지 않고 엄마의 반응 하나하나를 유심히 살피고, 그 다음엔 대단히 풍부한 몸짓과 표정으로 거기에 대응하면서 엄마가 하는 말들을 그대로 흡수하고 있었다. 베니는 엄마의 거울 속에서 사는 듯, 끊임없이 엄마의 손에 입을 맞추면서 "엄마 아파?"라는 말로 이야기의 맥을 끊었는데, 그러한 행동은 예외 없이 엄마로 하여금 아들이 표현하는 공감을 인정하는 눈물을 흘리게 만들곤 했다.

그녀는 '대단히, 때로는 지나치게 상냥하고' '나를 기쁘게 해주기 위해서라면 무슨 일이라도 하고, 나를 언짢게 만드는 것을 참지 못하며 내게 고통을 주는 것을 쫓아 버리기 위해 내 손에 입김을 불어주면서 나를 위로하는' 베니의 그런 마음씀을 놀라운 직관을 갖고 묘사했다.

"우리의 행복은 이 아이에게 달려 있어요." 그녀는 어떤 죄의식을 갖고 그런 표현을 했다. 엄마의 생각을 읽는 데 한 치의 실수도 없는 이 꼬마는 엄마를 위로하듯 어루만졌다. 아이는 엄마와 상징적으로도 분리되지 못한 상태였기 때문에 항상 '우리에게'라고 말했으며, 절대 '내게'라는 말을 쓰지 않았다. 그것은 그의 어휘 목록에 없는 표현이었다.

두번째 상담은 12월 24일에 있었다. "첫 상담 뒤 베니는 잘 자고 있어요." 엄마가 말했다. 그러다가 갑자기 지금껏 베니를 자기 품에서 재워온 것을 기억했다. '그러고 싶어서.' 그렇다면 그것은 누구의 욕구란 말인가? 그녀의 욕구? 아니면 아들의 욕구? 나로서는 그것이 뇌막염의 후유증을 염려한 나머지 그런 식으로 여동생을 달래던 친정어머니와 자신을 동일시하려는 그녀의 강박적 욕구로 해석할 수밖에 없었다.

엄마에게서 멀어지지 않았다는 안도의 한숨을 동반한 소년의 은밀한 공모의 시선.

22 알아서 하라고요? 좋죠, 하지만 혼자는 싫어요!

두번째 상담 때 베니는 용기를 내어 상담실 한 구석에서 놀았고, 나의 권유에 따라 엄마 없이 나와 상담실에 있겠다고 하면서 단호한 태도로 엄마를 대기실로 보냈다. 엄마는 나가지 않으려 버텼으나 헛수고였다.

상담이 끝나자 그녀는 감동을 억제하지 못한 표정으로 내 방문 앞으로 달려와 방금 내 진찰실에서 체험한 최초의 성공적 분리를 언급했다. "이건 베니와 내가 여지껏 받아 본 것 중에서 가장 아름다운 크리스마스 선물이에요!"

한 달 뒤에 다시 만났을 때 베니는 매일 밤 열한 시간 동안 한 번도 깨지 않고 계속 잔다고 했다. 실제로 세번째 상담에서 베니는 어머니와 함께 상담실로 들어가는 것을 처음부터 거절하고, 상담이 계속되는 내내 따로 있는 시련을 어머니에게 강요했다.

베니는 점토 앞에 앉아 두 개의 형태를 만들고 그것을 강아지와 엄마개라고 했다. 그는 엄마개와 강아지를 접근시켰다가 떼어 놓으면서 그 장면을 이렇게 해석했다. "강아지가 어린이집에 가요."

나는 어머니를 통해 베니가 어린이집 이야기를 다시 한다는 것, 그리고 그녀 스스로도 아들과의 이별에 의연히 대처할 준비가 된 것을 느끼고 있음을 알았다.

그녀가 통찰력 있게 내린 결론은 다음과 같았다. "베니가 마침내 내게서 벗어났어요. 또는 내가 베니와 떨어지는 것을 받아들인 것인지도 모르죠." 그녀의 말은 이런 상황에 의해 드러난 어머니와 자식 간의 극단적 의존 문제를 잘 보여주는 듯했다.

사실 겉보기와 다르게, 그리고 융합적 관계에서 흔히 그렇듯 자식으로부터 떨어져 나올 수 없는 것은 어머니이다. 왜냐하면 자식은 어머니 자신의 어린 시절부터 보류되어 온, 그러다가 아기의 출생으로 다시 표면에 나타난 문제들을 해결하는 데 없어서는 안 될 존재가 되기 때문이다. 따라서 아기는 의존 관계 속에 갇히게 되며 그것이 그의 탓은 아니지만 아무튼 자율성을 갖게 되는 과정을 방해한다. 그는 자신으로부터 멀어지는 것을 막기 위해 어머니가 사용하는, 사실은 '나를 떠나지 마라'는 명령과도 같은 감정적 협박의 영향을 받게 된다.

그렇다면 자식으로 하여금 그가 어머니의 전부가 아니라는 것을 자각하게 해줘야 하는 제3의 분리자로서 아버지가 해야 할 역할은 무엇인가? 베니는 어머니에게 세상의 전부였다. 그리고 그 결과 아버지는 그의 노력에도 불구하고 모자 관계의 어떤 변화, 어떤 진전도 거부하는 어머니의 불안으로 궁지에 몰리게 되었다. 마지막 상담 때 나는 베니와 아버지를 면담할 기회를 가질 것이다. 그러면 그 두 사람은 내가 그들의 관계 회복의 특별 증인이 되어 준 것을 기뻐하리라.

베니와 어머니와의 모든 경계를 무효화시키는 이런 상징적 관계는 분리된 삶을 향한 아이의 진전을 불가능하게 만들었다. 그런데 분리된 자아를 향한 접근은 단일성에서 분리로 가는 항해 속에서 시간과 함께 변화하는 하나의 발견이다.

분리-개별화 과정을 시작하는 것은 대개 아이이다. 이것은 스스로 자신의 육체적 탄생을 시작했듯이(우리 그 점을 기억하자) 별개의 자아로서 정신적 탄생을 할 시기가 도래했음을 의미한다.

큰 전환은 발달의 여러 가지 보충 영역들 속에서 동시에 이루어진다.

— 대뇌 활동 영역. 유아는 점점 더 대담한 탐색들을 하기 위해 기어가다가 이동할 수 있는 능력을 발견하고, 그러다가 서고 걸을 수 있

게 된다. 이때 서로 놓아 주기가 중요한데 그것은 아이의 강력한 욕구에서도 오지만 부모의 너그러운 의지에서도 온다.

— 정서 심리 과정 영역. 소위 '거울의 단계'라 불리는 다음과 같은 결정적 체험이 작용하는 부분으로, 어른의 품속에서 아기는 거울 속에서 본 모습이 자기인 줄 알다가 어느 날 갑자기 그게 아님을 알게 된다. 이런 발견을 함과 동시에 아기는 자신이 어머니와 다른 존재라는 것을 자각한다. 분리 불안의 기원은 융합 상태를 벗어나는 이 과정에 기인하며 자립을 추진하는 힘의 발단이 된다.

— 이때 때마침 언어의 획득이 행해져 이 독립 획득의 순간에 아이가 보는 것에 의미를 부여할 수 있게 된다. 언어는 부모와 자식 간의 육체적 거리를 허용하면서도 그들을 이어 준다. "단어의 의미를 알게 되면서 아이는 자신이 더 이상 타인의 육신의 불가피한 연장이 아니라는 것을 발견하게 된다."[5] 그 다음에는 타협할 수 있는 능력이 자아와 자율적 인격의 획득에서 새로운 중요한 단계로 가는 데 큰 영향을 미친다. '아니'라는 말의 구사와 함께 판단과 대화 능력이 나타난다. 이 말은 아이를 부모의 지배에서 벗어나게 해주고 자아 주장을 의미하는 '나'의 탄생을 허락한다. 언어는 독립의 근거들 중 하나를 구성한다.

그렇게 하려면, 그리고 자아를 외부로 확장하는 일이 내포하는 위험을 감수하려면 아이는 이런 점진적 무관심을 견딜 수 있는 어머니의 능력과 자신이 어머니 없이도 잘 지낼 수 있다는 사실——이는 어머

---

5) 바스 드니, 《욕망의 시간-육체와 언어론 *Le Temps du désir, Essai sur le corps et la parole*》, 르 쇠유 출판사, 1997년.

니에게 '팔다리를 자르는 것'으로 느껴질 수 있을 만큼 실망스러운 일이다――에 기댈 수 있어야 한다. 아이가 어머니에게 부여하는 새 자리는 무대 뒤쪽에 머물면서 아이를 살펴보고 있다가 때로 위로가 필요할 때, 실패했을 때나 난관에 부딪쳤을 때 기꺼이 앞으로 갈 수 있는 용기를 불어넣어 주는 것이다(이 역할은 아버지에게도 똑같이 해당된다).

하지만 이 과정은 아이에게 반드시 어떤 불안을 야기하고, 그래서 아이는 도움을 청하는 동시에 거절함으로써 자신의 두 가지 반대되는 감정을 드러낸다. 안정감을 제공하는 주변 사람들을 점차 포기하는 법을 모색하는 이런 탐색 속에서 나타나는, 분노의 동작들로 점철된 모순된 요구라 할 수 있겠다.

최초의 분리 경험들

우리의 인생은 분리로 시작된다. 우리가 태어나는 것도 분리이다. 왜냐하면 태어남으로써 자궁 안에서의 융합된 삶은 끝나고 별개의 인간으로 나누어지기 때문이다. 어머니는 본능적으로 갓난아기를 주변 세상으로부터 보호하며 아이의 요구에 맞춰진 자신의 존재로 안전을 도모함으로써 아기에게 사활이 걸릴 만큼 중요한 최초의 애착 관계를 형성한다. 어머니의 보살핌과 접촉에 전적으로 의존하는 이 단계에서 지나치게 이르거나 지나치게 긴 갑작스런 분리는 상실을 의미하고, 그 상실은 견딜 수 없는 고통의 원인이 된다. 그리고 그것의 흔적은 훗날 일어나는 이별들에 지나치게 민감하게 만들거나 반대로 일종의 정서적 무감각으로 스스로를 방어하는 일을 초래할 수도 있다. 영유아들에게는 유연성이 있어서 가족들과의 때 이른 헤어짐의 필요성에 적응할 수는 있지만, 그 결과가 그들의 정서적 심리 과정의 발달에 어떤 영향을 끼칠지는 예측할 수 없다.

일부 아동들은 몇 년이 흐른 후 '삶의 갑작스런 결별로 인한 최초의 상처'와 관련된 불안을 표현하는데, 이는 불만의 원천이 되며 극복하기 어려운 것으로 밝혀지기도 한다. 사회에 적응하는 데 어려움을 나타내는 많은 아동들은 지나치게 일찍(대개 생후 1년 안에) 어머니가 보살펴 주지 않는 일이 반복적으로 일어나거나 아이를 봐주는 사람이 여러 번 바뀌는 경험을 한 아이들이다. 다양한 환경으로의 이런 '옮겨심기'는 당연히 사람들을 불신하게 만들고 애착 본능을 점차 잃어버리게 만들었다. 보리스 시륄니크가 어린 시절에 일찍 어머니와 떨어진 한 성인 집단과 그와 반대로 어머니와 떨어지지 않고 어머니가 베푸는 안전과 격려를 모두 수혜한 성인 집단을 비교한 민족학적 연구 논문에서 인용한 것도 그런 것이다. '때 이르게 애착 관계를 가진' 집단보다 '때 이르게 헤어진' 집단의 우울증 발생률이 열 배나 높았다! 그리하여 모자간의 때 이른 결별이 취약함의 한 요인을 형성하고, 그것이 20년 혹은 30년 뒤에 나타날 수 있다는 생각이 확고해지게 되었다. "그런 관점에서 우울증은 병리학적 슬픔이 아니라 때 이르게 실시된 취약성이라는 특징 때문에 부서지고 부러지는 인체의 병리학적 대응이다"[6]라고 보리스 시륄니크는 썼다. 즉 너무 이르게 또는 반복적으로

---

6) 보리스 시륄니크, 《관계의 영향하에 *Sous le signe du lien*》, 아셰트 리테라튀르, 1989년.

실시된 긴 이별로 인한 정신적 외상이 남긴 흔적들이라는 것이다.

때 이른 이별의 직접적 결과가 우울증만 있는 것은 아니다. 이를테면 이스라엘의 키부츠라는 환경에서는 다른 유형의 반응이 관찰되고 있다. 집단 유아실의 배치는 부모들로 하여금 공동체가 필요로 할 때 언제든지 시간을 할애할 수 있게 해주는 혁신적 제도였다. 하지만 시대의 선구자들은 그런 점보다도 아이들이 태어나자마자 부모로부터 떼어 놓고 일찍 사회화시키면 아이들이 좀더 일찍 독립적인 인간이 되고, 자연스럽게 자율성을 갖추게 되어 어른들의 역할을 이어받을 수 있을 거라는 생각을 갖고 있었다.

그런데 실험 결과는 그들의 예상을 추월했다. 실제로 이 아이들 중 다수는 사춘기 때부터 때로는 조국과 가정에서 아주 멀리 떨어진 곳에 정착할 정도로 독립 취향을 추구했다. 그들에게 가정은 더 이상 만족스러운 정서적 정착지도, 그들의 삶이 시작될 때부터 강요된 이별을 보상해 줄 만큼 강력한 정체성의 원천도 아니었다.

그들은 혹시 상처를 간직하고 있던 때 이른 격리를 그렇게 무의식적으로 반복한 것은 아닐까? 더 이상 실망하지 않기 위해 정서적 삶의 원천에서 스스로 지나치게 일찍부터 떨어져 나감으로써 감정에 빗장을 채운 것이다. 어쩌면 여기에 앞에서 언급한 우울증의 대안이 있을지 모른다. 내가 때 이른 분리, 그리고 특히 반복적인 결별과 관련된 위험을 이토록 강조하는 것은 그런 행위들이 하찮은 것이 아니라 우리가 유아들에게 요구하는 사회 적응의 첫번째 노력을 의미하기 때문이다. 그것은 또한 어머니와 결합하고 싶은 아이의 무의식적 욕망에 대한 첫번째 포기를 의미하기도 한다. 이는 외상을 남기는 것은 아니더라도 고통스러울 것이 틀림없다.

이것은 훗날 사회가 부모를 매개로 아이에게 기대하는 것에 적응하기 위해 아이가 받아들여야 할 모든 포기의 원형 자체가 될 수도 있다. 그렇게 되면 모든 자율화 시도는 최초의 충격적 경험에 의해 새겨진 고통의 흔적을 되살아나게 할 것이다. 이 흔적들은 훗날, 성인이 됐을 때 일상 생활에 장애를 가져오는 증상의 표출을 통해서만 접근할 수 있는 경우가 많으며 우울증이 그에 해당한다.

D부인은 자신의 일상에 불시에 끼어드는 어떤 심각한 징후를 상담하러 오는 젊은 여성이다.

그녀는 혼자 있을 때면 항상, 그리고 특히 집이나 자신만의 안전한 공간을 벗어나면 더 많이 나타나는 강력한 공황에 느닷없이 사로잡히곤 했다. 차를 타고 있거나 거리에 있을 때 그녀는 누군가와 접촉하고 싶은 욕구를 억제할 수 없어서 아무에게나 접근하지만 그녀의 얼빠진 행색에 당황한 행인이 대답하지 않고 계속 길을 가면 가장 가까운 가게에 들어가 길을 묻거나 혹은 공중전화 부스로 뛰어들어가 남편이나 어머니에게 전화를 걸었다.

D부인은 발작에 대한 두려움, 발작 자체의 출현과 관련된 항구적 공포를 내포한 엄청난 불안과 시련의 연속 속에서 자신의 삶을 견디고 있었다.

최초의 발작은 그녀가 죽음을 처음 대면했을 때로 거슬러 올라간다. 그녀와 매우 가까웠던 이모의 사망 소식을 들었을 때였다.

D부인은 이모에 대한 기억을 모으면서, 그리고 부모에게 물어보고 나서 그녀는 부모가 생후 한 달된 자신을 그때까지 아무 경험 없던 어린 이모에게 맡기고 몇 주간의 여행을 떠난 것을 알게 되었다. 아기는

탈수증에 걸려 급히 신생아 소아과에 입원해야 했다——신생아 탈수증이 의미하는 정신신체적 증상의 의미를 더 이상 무시하면 안 된다.

D부인은 인생 초기에 어머니의 보살핌이 주는 안정감을 느끼지 못한 것으로 여겨진다. 그런데 유아는 그것이 있어야만 '생물경제학적 혼란'에서 벗어날 수 있다. 왜냐하면 처음에는 진정한 자립이 불가능하기 때문이다.

이 경우에는 모자가 일체성을 발휘하고 자신의 환경에 대한 최소한의 안전한 느낌을 아기에게 주기 위해 필요한 시간과 공간을 갖지 못한 것이 분명하다. 게다가 아무도 부모의 부재를 설명해 주지 않았고, 그것은 갓난아기를 그와 어머니가 형성한 특별한 관계의 급작스런 상실 속으로 몰고 가는 환경의 결핍을 의미했다. 이것이 이 아기에게는 정신적 외상에 해당하는 상실, '삶의 연속성'을 중단시키는 상실이었다.

D부인은 공황 발작 속에서 유아 때 극복할 수 없었던 이런 불안을 다시 겪고 있었다. 이 발작들은 어릴 때 발생했지만 통합되지 못한 때 이른 외상이 지각할 수 있는 형태로 나타난 흔적들이었다. 정신분석이라는 수단을 통해 어릴 때 체험으로 돌아가는 것만이 그녀가 그것을 극복할 수 있는 길이었다.

때 이른 이별과 자율성

엘자는 열여섯 살 때부터 나의 치료를 받아온 소녀이다. 그녀는 다른 사람들과 관계 맺기 어려운 점 때문에 나를 만나고 있다. 그녀가 기억할 수 있는 한 이런 억제는 항상 존재했고, 가족과 잠깐 떨어져 있는 것이 불안하지 않을 때면 다른 사람들로부터 떨어져서 혼자 있었다.

부모는 엘자를 한 살 때부터 탁아소에 맡긴 것으로 드러났다. 임신 8개월이었던 어머니는 두번째 임신으로 인해 너무 피곤해서 쉬고 싶었다. 그래서 엘자는 어느 날 아침 부모가 없는 어떤 낯선 곳에서 눈을 뜨게 되었다. 부모는 사전에 말 한마디 없이 그녀가 자는 동안 떠나 버렸다. 엘자는 일주일 동안 일체의 식사를 거부함으로써 이 갑작스런 변화에 저항했다. 결국 그녀의 부모를 급히 다시 불러야 했다. 당시 부모는 그토록 어린 자녀에게 자신들이 얼마나 큰 시련을 준 것인지 깨닫지 못하고 있었다.

그 사건 이후 그들은 자신들의 서툶, 그리고 어린 딸에게 겪게 한 위험을 몰랐던 것에 대해 매우 커다란 죄책감을 느끼고 있었다. 실제로 엘자는 그 갑작스런 이별이 야기한 충격에서 영원히 헤어 나오지 못했다. 게다가 그 충격은 곧 남동생이 태어났다는 사실로 인해 더 커졌고, 그로 인해 어머니는 가정이라는 환경 속에서 신뢰감을 되찾게 해 주기 위해 확신이 필요한 엘자의 요구에 응답해 줄 수 있는 시간과 여력을 갖지 못하게 되었다.

아직 부모, 특히 어머니에게 많은 것을 의존하는 이 또래 아이에게 아무 준비도 없이 닥친 일정 기간 이상의 갑작스러운 분리는 영원한 사라짐과 같은 것으로 아이를 총체적 혼란 상태에 빠뜨린다. 음식을 거부한 것은 그녀가 느낀 큰 슬픔을 알리는 심각한 표현이었다. 그런 증상은 언어에 버금간다고 할 수 있다.

엘자가 그 사건으로 인해 버림받은 기억, 상처를 간직하게 된 것은 전혀 놀라운 일이 아니며 그것이 그녀를 모든 관계 앞에서 주저하는 아이로 만들어 버렸다.

유아가 참을 수 있는 분리 불안은 짧은 부재인 경우이다. 박탈이 너무 갑작스럽거나 너무 긴 경우 그것은 '외상'을 남기게 된다. 그때는 '절망'이 지워지지 않는 흔적을 새기게 된다. 평생의 발달을 결정할 수 있는 마음의 상처로.

아이는 정신적으로 어머니와 떨어질 준비가 되어 있어야 한다. 아이가 어머니의 오랜 부재를 죽음과 동등한 상실이 아닌 일시적인 부재로 여기면서 불안해하지 않을 수 있는 것은 세 살쯤에나 가능한 일이다. 그때에야 비로소 아이는 어머니가 없을 때에도 살아 있는 모습을 상상할 수 있으며, 실망스러운 현실을 교대하는 것은 그런 상상력이다.

아기와 일찍 헤어져야 할 경우 어머니는 아이에게 얼마 동안 엄마가 없을 거라고 말로 설명해 주면서 두 사람을 안심시켜 주는 상징적 끈이 될 만한 개인적인 물건을 주는 것도 잊지 않는 것이 얼마나 필요한 일인지를 알아야 할 것이다.

그러면 '발언의 주체'가 된 아기는 자신이 다른 모든 사람처럼 인정받고 있다는 것을 느끼게 된다. 아기들에게는 감정을 지각할 수 있는 선천적인 능력이 있기 때문이다. 따라서 아기는 헤어짐이라는 시련을 극복할 마음의 준비를 더 잘할 수 있을 것이다. 하지만 이것이 필요조건이라 해도 어떤 경우에도 빈번하게 되풀이되는 방법, 방법적 효과, 다시 말해 미리 알려 줬다는 핑계로 아이에게 아무거나 강요하는 것을 정당화하는 말의 마술이 되어서는 곤란하다. 왜냐하면 설령 그것이 부재의 충격을 완화시키는 데 기여한다 할지라도 말이 아이의 모든 고통을 막아 주지는 못하기 때문이다.

최소한 생후 1년 동안 아이의 우주는 어머니 또는 어머니를 지속적으로 대체하는 사람에 주로 국한된다. 어머니는 아이를 외부 세계와 연결해 주는 보호자의 존재를 의미하며 아버지는 외부 세계를 대표한다. 아버지가 훗날 아이와 어머니 간의 상징적 분리를 도와줄 능력과 의무를 갖는 것도 그런 의미에서이다. 아버지의 주된 역할은 두 사람 사이에 개입하여 자기 자리를 차지하는 것이다.

엘자의 문제로 다시 돌아와, 조이스 맥더걸[7]은 '애착 상실'이라는 개념을 언급했다. 이는 "세상, 세상과의 관계의 모든 의미를 앗아가는 증상 (…) 애착 상실의 목적은 개인을 정신적 고통에 굴하지 않게 만드는 데 있다."

사실 엘자는 이제 아무것도 자신을 혼란에 빠뜨리지 않도록 감정을 획일화하고 가능한 한 가장 절제된 한계로 귀착시킨 '까다롭지 않은' 애어른이다.

이렇게 '애착을 상실한' 주체들은 일찍이 그들의 온전한 느낌, 정체감을 위협하는 강도 높은 정서적 체험을 한 사람들이다. 그들은 정신적 생존을 위해 아주 튼튼한 체계를 건설하고 그들에게 파괴를 의미할 수 있는 이 외상성 경험의 귀환을 경고해야 했다. 갑작스런 분리가 야기한 정신적 충격은 그들의 '삶의 지속성'을 단절시키는 결과를 낳았다. '자기 자체에 완전히 갇힌' 정신 구조는 그것 자체로 충분해 보이고 강한 방어 기능을 위해 사용되지만, 사실은 일체의 참다운 자립 의사를 주체로부터 완전히 차단시킨다. 다시 말해 그를 둘러싼 세상을 포위함으로써 자신의 자아를 온전히 지키고 있는 것이다.

---

7) 조이스 맥더걸, 《몸의 연극 *Le Théâtre du corps*》, NRF, 갈리마르 출판사, 1989년.

그런데 도널드 위니코트는 "정신적 좌절에 대한 두려움은 이미 겪은 좌절에 대한 두려움이다"[8]라고 주장했다.

엘자의 머릿속에서 그녀를 괴롭히는 대상이 된 외부 세상에 대한 신뢰는 이제 부담스러운 짐이 되었다. 그런 고통을 다시 겪는 위험을 스스로 거부할 정도로. 그래서 엘자는 감정을 억제함으로써 차후에 있을 일체의 환멸에 노출되지 않는 편이 낫다고 생각하게 된 것이다.

존 볼비는 "감정의 상실이 인격의 기능에 비극적인 결과를 가져올 때가 너무나 많다"고 언급했다. 그런데 우리는 아직도 유아의 이 취약한 시기에 때 이른 상실이 초래하는 혼란과 그것이 야기할 수 있는 장애를 과소평가하는 경향이 너무나 많다.

---

8) 도널드 W. 위니코트, 〈좌절에 대한 두려움 La Crainte de l'effondrement〉, 《새 정신분석 리뷰 Nouvelle Revue de psychanalyse》, 1975년.

2

분리를 강요하는 사회적 분위기

> "여자로 태어난다는 것은 남자의 그것과는 육체적으로 다르게 계획된 운명, 그리고 그 다름과 결부된 정신적 결과를 갖는 것을 의미한다. 하지만 우리는 이 운명을 수정할 수 있다."
>
> 에블린 쉴르로

서방 세계에서 사회적 압력은 대부분의 여성들에게 잠재적 죄책감을 유발하는 구실을 한다. 아이가 있는 여성이든 없는 여성이든, 가정주부든 직장 여성이든.

우리는 사회가 출산율 회복을 실현 가능성 없는 바람이라고 보면서 어머니가 된 여성들에 대해서는 조금도 관대하지 않다는 것을 알고 있다. 일하는 어머니들은 가사 노동의 의무로 인해 상대적으로 여유가 없다는 것 때문에 쉽게 불이익을 받게 된다.

역설적이게도 아이가 없는 여성에게는 또 다른 어떤 압력이 가해지고 있으니 툭하면 자기 중심주의라는 비난을 듣는 것이 그것이다. (오직 사회적 인정만을 추구하는) 출세주의자처럼 행동한다는, 또는 (오로지 자기 자신에게만 집중하는 사람으로 인식되는) 자기도취에 빠진 사람이라는 비난을 받는 이 여성은 자신이 아이 낳는 쪽을 택한 여자들의 눈에 수상쩍은 자로 여겨진다는 것을 머지않아 깨닫게 된다. 그녀의 상황이 심사숙고한 뒤의 선택인지, 아니면 불임이나 개인사와 연관이 있는 다른 이유 때문에 받아들일 수밖에 없었던 포기인지, 또는 남편의 선택인지에 관해서는 대개 아무도 알려고 하지 않는다.

이유야 어찌됐건 아이를 낳지 않는다는 사실은 부정적 의미를 내포하며, 사회 규범을 강하게 위반하는 행위로 귀착된다. 그녀에겐 어머니로서의 의무가 없으므로 그 대신 다른 사람들에게 온전히 시간을 할애하여 돕거나 대신 해줄 수 있어야 한다는 명제만이 남는다. 요주의 대상이 된 그녀는 어떤 방식으로든 불리한 처지에 놓인다. 이것이 임신에 어려움을 겪는 일부 여성들이 불평하고 있는 바이다. 때로 자신이 아이를 갖고 싶어하는 것이 개인의 진정한 바람인지 아니면 사회적 의무(must)에 의해 부추겨진 것인지 모르겠다고 고백할 정도로. 그것은 여성으로서의 자율성을 혼란에 빠뜨리고 있으며 자신이 정말로 원하는 것을 알려면 그들에게는 많은 인내가 필요하다.

그래서 아이가 없는 여성들이나 어머니라는 역할에 짓눌려 지내는 여성들이나 모두 선택의 폭은 넓지 않다. 어떤 가정적 지위를 선택했느냐와 상관없이 끊임없이 죄책감을 안겨 주는 어떤 사회에 대해 납득시켜야 한다는 것이 역설적이지 않은가? 여성이라는 이유로, 그리고 자유 공간을 지키기 위해서 말이다. 이런 어려움은 여성들 자신에 의해 빈번하게 거론되고 있으며, 그들은 '삶의 선택'을 정당화하라는 독촉을 받고 있다. 선택의 여지가 있는 경우에 말이다……. 그런데 그것이 그렇게 간단한 문제인 것만은 아니다.

요즘에는 정신과 의사들이 마흔 살 이상의 여성들을 접하는 경우가 흔하다. 아이를 갖거나 아이 갖기를 포기하는 문제가 아직도 해결되지 않은 여성들이다. 이 문제는 40대쯤에는 '아이에 대한 욕망'이라기보다는 요즘 우리 사회에서 유행하는 표현대로 '아이에 대한 부러움'으로 비치는 경우가 더 많은 것에 대해 결정적 역할을 한다. 사실 욕망으로 '아이를 갖거나 갖지 않는다'는 결정을 내릴 수는 없다. 왜냐하면 '아이를 갖거나 갖지 않는 것'이라는 표현은 소유라는 그릇된 개념으로 인도하며 과자를 만들듯이 '아이를 만든다'는 표현만큼이나 잘못된 것이기 때문이다. 때와 시간에 맞춰 태어날 예정인 '아이라는 물건'은 일종의 필수적인 액세서리 같은 성격을 지닌다. 성공으로 가는 마지막 단계인 것이다.

절대적인 추세

첫번째 장면: '절대적인 추세'는 한 여성 주간지의 제목이다. 표지 사진에서 요부 분위기의 모델이 잠옷 차림의 열 살쯤 돼 보이는 소녀와 함께 포즈를 취하고 있다. 소녀는 완강하게 이 여성의 팔을 잡고 있지만 먼 곳을 바라보는 이 여인은 아이를 돌보지 않고 떠날 태세가 되어 있는 것처럼 보인다. 소녀는 어머니라고 생각되는 이 여인을 붙잡기 위해 그렇게 행동하는 것일까?

두번째 장면: 다음 페이지 '액세서리'편에서는 떠나는 것에 대한 환상에 사로잡힌 듯 여전히 멍한 눈을 한 그 여인이 번쩍거리는 여행가방을 움켜잡고 어떤 매력적인 다른 곳으로 달려가려 하고 있다. 이번에는 어두운 색깔의 옷을 입은 소녀가 엄마의 외투자락을 붙잡고 불안한 시선으로 애원하듯 묻고 있다. "왜 나를 데려가지 않으려는 거죠?"

이것은 어떤 액세서리에 관한 이야기일까?

　세번째 장면: 제목 없는 마지막 사진에서 소녀는 다시 잠옷을 입고 여인의 가랑이 사이에 주저앉아 한 손으론 바닥을 짚고 다른 한 손으론 깨진 컵을 들고 있다. 여인의 모습은 섹시한 샌들을 신은 발밖에 보이지 않는다……. 그녀의 의도를 상징하는 것일까?

　이제 포기한 표정의 소녀는 떠나는 여인을 막을 수 없다는 것을 알게 된 듯하다. 떠나지 말라고 또는 자기도 데려가 달라고 애원하기를 포기한 것처럼. 이 연출에서 굽이 부러진 컵은 소녀의 내부에서 깨진 뭔가의 상징일까, 아니면 소녀와 어머니 사이에서 깨진 뭔가의 상징일까?

　이 세 장의 사진은 아이의 집요하고 정당한 요구를 고려하지 않고 독립적인 삶을 살 준비가 된 자기 중심적인 여성들의 단호한 냉담함 앞에서 그들을 '액세서리'에 불과한 신세로 전락시킨 '이 시대의 추세'를 참아야 하는 아이들이 겪는 바를 풍자적으로 보여주고 있다. 이 모든 것은 대체 어떤 절대적 필요에 부응하기 위한 것일까?

　여인과 아이 간의 이 대결에는 어떤 부재의 느낌이 남아 있다. 제삼자인 남성이 빠졌기 때문이다. 그리고 비록 이 사진들이 여성을 대상으로 한 잡지에서 발췌한 것이긴 하지만 아버지의 보잘것없는 존재에 대해서는 일언반구도 없다. 마치 남성은 여기서 일어나는 일과 아무 관계가 없다는 듯이. 아이와의 관계를 담당하는 책임감이 여성에게만 있다고 주장하는 이 사진들이 기만이라는 생각이 드는 건 그 때문이다.

　그런 사진들에 의해 전달되는, 결코 가볍지 않은 무언의 메시지를 달리 어떻게 이해할 수 있으랴? 그것은 바로 여성들로 하여금 독립적인 여성으로서의 삶을 사는 것을 방해하는 모든 우발적 사건들(남성들을 포함하여)을 빼고 생각하도록 조종하는 것이다. 심각한 시선의 소녀는 깔끔하고 옷을 잘 차려입은 것이 물질적 차원에서 필요한 모든 것을 갖고 있는 것 같은데도 어머니로 추정되는 여성의 '불확실한' 관심을 요구하고 있는 것으로 보인다. 그리고 아버지에게는 이렇게 명령하고 있다. 퇴장!

여기서 염려스러운 점은 첨단이라는 구실로 이런 '추세'를 대중매체를 통해 전파하는 행위가 새로운 '유행'의 원형을 담은 패륜적 메시지를 퍼뜨린다는 것이다. 그것은 바로 애들에게 종속되는 위험한 짓을 벌이지 말라는 것이다. 자 여기 앞서 가는 여성들이 있다! 아이들은 당연히 스스로 알아서들 해야 한다!

그렇기 때문에 이 사진들이 풍기는 느낌은 우리를 당황스럽게 만든다. 그것은 바로 아이는 여자를 돋보이게는 하지만 그래도 상당히 거추장스러운 존재임에는 변함이 없는 하나의 액세서리라는 것이다! 모성애적 성향에 노출될 수 있는 여성들의 자율성을 구속할지 모르는 감정 관계에서 냉정하게 빠져나오고 싶다는 욕망을 불러일으킬 정도로.

아이를 갖고 싶은 욕망을 어떻게 봐야 할까?

폐경이 가까워지고 있다는 사실에 겁이 난 마흔일곱 살 된 한 여성이 문득 지금 남편이 거부하는 아이 만들기를 위해 아버지가 될 가능성이 있는 남자를 찾아 나서야 될 때가 아닌가라고 자문한다. 그런데 사실 그녀는 자신이 정말로 아이를 원하는지 확신하지 못하고 있다……

그리고 나는 이 연배에 임신한 여성들 중 상당수는 급히 상담하지 않았는데, 그것은 그들이 아이를 '낳을까 지울까?' 하는 문제를 해결하는 데 도움을 주기 위해서였다. 그리고 그 밑에는 인체의 기능이 그들을 따라잡고 포기하도록 압력을 넣기 전까지 아직 2-3년이라는 적잖은 시간이 남아 있으니 스스로 결정을 내릴 수 있을 거라는 생각이 잠재되어 있었다. 또한 여성들이 과학의 전능함에 희망을 걸고 폐경의 도래를 연기함으로써 잃어버린 시간을 만회하는 일도 흔하다.

아이를 낳는 일에는 포기를 뜻하는 뭔가가 있다. 아이를 낳는다는 것은 현대 여성이 자신의 꿈을 마음껏 펼칠 수 있는, 그리고 독립의 당연한 귀결로 강렬한 자유의 느낌을 가져다 주는 유일한 기회로 여겨지는 직업적 야심을 포기하는 것이기 때문이다. 본인이 그것을 원하던 원치 않던.

아이를 갖고 싶은 욕망은 다른 일탈 행위도 낳을 수 있는데 임신 4개월째인 이 여인의 예가 그것을 보여주고 있다. 그녀는 임신에 관해 도움을 받기 위해 상담을 받고 있다. 그녀에게는 이미 네 살짜리 아이가 하나 있다. 아기의 태동이 느껴진 뒤부터 그녀는 출산에 대한 걱정을 떨쳐 버릴 수가 없다. "훗날 아이에게 너를 수태하기 훨씬 전부터 네 아버지와 헤어질 계획을 갖고 있었다는 것을 어떻게 말하죠? 나는 이제는 아이를 갖지 못할 거라는 두려움 때문에 남편과 헤어지기 전에 하나 더 갖기로 결심했죠. 아이 아버지는 자신에게 알리지 않고, 특히 이혼을 앞두고 임신한 것에 대해 나를 많이 원망하고 있어요. 심지어 이 아이가 자기 아이인지도 잘 모르겠다고 주장할 정도예요. 어쩌면 이 아이를 받아들이지 않을지도 몰라요……. 나는 아이가 처하게 될 상황은 고려하지 않은 채 나만 생각한 것에 대해 죄책감이 들지만 그래도 혼자서 충분히 내 아이들을 키울 수 있을 것 같아요. 왜냐하면 나의 직업적 여건은 충분한 금전적 여유를 보장해 주니까요.”

이 경우는 과도한 자기 중심주의를 닮은 독립에 대한 요구가 어떤 극단적 행위로까지 몰고 갈 수 있는지를 잘 보여준다. 우리는 이성을 잃은 개인주의와 자유를 혼동하는 경향이 지나치게 많다. 자유는 타인, 특히 아이에 대한 존중과 조화를 이룰 수 있는 정당한 욕망이다. 이것은 남녀 각자의 독립에 대한 욕망의 필연적 결과인가? 그들이 획득한 권리의 결과인가? 그렇다면 아이 문제는 어떻게 해야 하는가?

이런 질문들은 우리로 하여금 아이에게 부여된 지위에 대해 자문하게 만든다. 아이를 하나의 인격체로 대접하라고 가르치는 주변의 담론들과는 반대로 아이는 우리와 대등한 주체라기보다는 오히려 객체로 간주될 때가 많다.

아이가 문제되는 것은 의존적이기 때문

어느 면에서도 양보할 수 없는 여성들이 모든 분야에서 기회를 놓친다. 이런 모순을 자각한 여성들의 상당수는 잠시 일을 쉬어도 되겠지라고 생각하면서 출산을 선택한 것에 특전이 주어지기를 바랄 것이다. 하지만 경쟁, 남녀평등에 대한 헛된 신화, 그리고 이런 선택은 어떤 불이익이나 노동 시장의 흐름에서 제외됨이라는 대가를 치러야만 내려질 수 있다는 사실은 그들로 하여금 자기 의사를 자유롭게 표현하지 못하게 만든다. 그들은 문제를 피하고 뒤로 미루고 때로는 이런 걱정으로부터 초연하다는 인상을 줌으로써 일과 관련해 사기가 저하됐다는 의심을 받지 않으려고 애써 자제하기도 한다. 그런데 어떤 직업에 종사한다는 것이 많은 문제를 야기하는 탓에 일부 여성들이 그것을 포기하는 편을 택한다는 것은 당연히 인정해야 하지만, 육아가 여성의 직장 활동에 방해가 된다는 것은 입증된 바 없다.

이력서의 공백 하나가 한 아이의 인생의 출발을 가능케 하는 것, 또는 초등학교에 입학하는 자녀를 돌봐 줄 수 있게 해준다는 사실은 어쨌든 당연하게 여겨져야 할 것이다. 인간 관계의 상담가들은 대개 한 가정의 아버지나 어머니들이다. 그리고 그들의 내담자들이 가진 이런 '이력서의 공백들'은 때로, 그리고 대개는 여성들에게, 그들처럼 할 수 없었거나 할 줄 몰랐던 것에 대한 후회를 불러일으킨다. 이 문제를 개인적으로 이해하는 사람은 많이 만날 수 있는 데 반해, 이런 중대한 필요에 대한 공적·사회적 인정이 이토록 부재하다는 것이 이상하지 않은가?

아주 어린 자녀들을 둔 내 환자들 중 하나는 집에서 몇 년을 보낸 후, 취업을 위한 새 인터뷰 때 자녀들이 이제는 유아들 특유의 온갖 병들에서 벗어났다는 사실을 자신의 가용성을 옹호하는 논거로 사용하곤 했다. 그렇다면 '직업적으로 올바르기' 위해서는 아이들을 가장 빠른 시간 내에 키워야 하는 것일까? 여성들은 경제라는 현대의 종교에 따라 남성의 기준으로 자신을 평가하는 것이 지나쳐서 남성들 자신은 그들의 생물학적 시간을 고려할 필요가 없다는 것을 잊어버렸다. 여기에 여성들 자신의 이미지에 대한 일종의 왜곡이 존재하는 것은 아닐까? 직장 생활에 특권을 부여하고 스스로를 남성의 복제품으로 간주하는 여성들은 결국 성별의 근본적 차이와 그들에게 주어진 시간 안에 생명을 전파해야 한다는 책임을 부정하기에 이른다.

남성들은 생식이 의미하는 이 독특한 모험 속에서 그들의 자리를 고수하기를 원해 왔다. 그렇다면 '그들의' 아이를 잉태할 수 있는 여성들의 특수성을 인정하고 존중하며 여성들이 어떤 가치 판단이나 불이익 없이 선택할 수 있도록 내버려둬야 하는데, 구체적으로 그렇게 행할 준비가 된 사람은 거의 없다는 데 큰 차이가 있다. 대다수의 여성들은 남성들의 한결같은 지지에 기대고 싶어한다. 하지만 과연 이 남성들이 10-20킬로그램에 달하는 어떤 짐을 절대 어디에 놓지도 못하고 그에 대한 책임을 누군가에게 전가하지도 못한 채 몇 달 동안 밤낮으로 안고 있겠다고 할까? 임신은 한 여성에게 전적인 투입을 의미하는데, 이를테면 세 명의 아이를 잉태하고 출산한다는 사실이 의미하는 고된 수고는 어떻게 평가해야 할까? 아무리 사랑이 그것을 정당화한다 해도 말이다. 이런 언급은 비웃음을 살 수도 있지만 그보다는 오히려 생산을 최고의 가치로 치는 우리 사회로 하여금 진정한 '육체 노동'과 흡사한 임신을 인정하게 하려는 의지를 보여준다. 이삿짐을 나르는 인부조차 하루 여덟 시간 이상의 작업은 거부하지 않는가!

임신한 여성들이 만삭인 배를 보란 듯이 드러내는 요즘의 경향은 그들이 생식 영역에서 맡은 역할을 인정받고 높은 평가를 받고자 하는 정당한 기대를 표현하는 하나의 방법일까? 물론 여성들은 생명을 전파한다는, 그 무엇과도 비교할 수 없는 능력을 간직하고 있으며 거기에는 덤으로 욕구 충족이라는 결과, 아이의 아버지와 나누는 기쁨이 따른다! 그런데 '아기를 생산하는 것'이 상품과 이윤을 생산하는 것보다 가치가 적은 것일까? 그것이 이미 태어났거나 앞으로 태어날 사람들을 위한 것이 아니라면 우리는 도대체 누구를 위해 생산하는 것인가?

출산 휴가를 누리지 못하고 이르게 시작된 자궁 수축 때문에 분만 예정일보다 일주일 앞당겨 일을 중단해야 했던 한 젊은 여성 간부는 친절한 직장 동료로부터 가장 덜 도전적인 어조로 이런 말을 하는 것을 듣게 된다. "그렇다면 좋아요. 한 달 뒤에 봅시다!" 한 아이를 낳고 그 아이를 삶 속으로 내보내는 데 주는 시간이 고작 한 달이라니, 이 것이 인간의 가치에 대한 합당한 평가란 말인가?

가정주부로서의 책임을 수용하기 위해 직장 생활을 포기하기로 결정한 어머니들로 말하자면 그들이 포기한 직업이 의미하는 이해나 금전적 필요에 따라 선택이 갈리기 마련이다. 어떤 어머니들은 설령 일시적인 것이라 해도 새로운 지위가 자신의 가치를 떨어뜨리는 것으로 느껴져 동료들 앞에서 그것을 받아들일 용기를 내지 못한다. 그 결과 접촉과 교류에 대한 정당한 욕구에도 불구하고 때로 신용불량자처럼 살게 되고 집 안에 틀어박혀 오직 자식들에게만 헌신하게 된다. 일부 여성들은 그로 인해 짙은 좌절감을 맛보기도 한다. 하지만 그들 중 상당수는 이 새로운 한가함에서 실질적인 이득을 찾고 사회적 고립에 빠지지 않기 위해 단체 활동에 뛰어들기도 하며 논란의 소지가 있긴 하지만 대개 활동 면에서는 환영받는 자원 봉사에 뛰어든다.

왜냐하면 여성들이 출산과 사회적 압력에 관해 스스로 결정을 내리기 어렵다는 사실은 "부득이한 경우 아이를 가지시오. 단 아이가 당신의 직업 활동을 지나치게 방해하지 않도록 주의하시오"라는 내용의 일종의 역설적 명령을 암시하기 때문이다. 요컨대 여성들의 경제적 독립은 자유가 전제되어야 한다는 뜻인가?

또한 아이들 자신도 이와 비슷한 사실을 직면해야 한다. 그것은 양면성을 가지고 그들을 받아들인 사회에 폐를 끼치지 말아야 한다는 것이다. 이미 상당히 과중한 짐을 진 부모에게 또 다른 짐이 되지 않기 위해 최대한 빨리 독립함으로써 이러한 기대에 부합해야 할 필요성이 거기서 나오는 것이다.

출산과 복직

따라서 여성들은 다음과 같은 교훈을 명심하게 되었다. 임신 조절이 가능해진 이상 여성들은 당연히 아이에 대한 욕망을 수용하고 그에 대한 책임을 감내해야 하며, 이에 대해 불만을 터뜨리거나 그들만의 고유한 이런 기능을 직장 생활에 통합하는 것은 허락되지 않는다는 것이다.

많은 젊은 엄마들은 분만하고 며칠 지나지 않아 병원에서 돌아오면 혼자 아기와 대면하게 되고 자신의 취약함을 절절하게 느끼는 순간 커다란 고독감에 휩싸인다. 그들은 최소한의 지지와 공감의 결핍을 자주 느낀다. 이전 세대들에서 어머니와 아기를 맞아 주었던 가정 속에도 더 이상 그녀의 자리는 없다. 왜냐하면 우리 사회의 가정들은 흔히 해체됐거나 분산됐기 때문이다.

생후 고작 3개월, 때로는 심지어 2개월 반밖에 안된 아기를 둔 젊은 어머니들에게 복직은 흔히 우울증, 그것이 아니라면 적어도 강한 불안감의 원인이 된다. 아홉 달 동안 상상해 오던 아이를 만나기가 무섭게 장차 자신의 주변 사람들을 신뢰할 수 있는 능력을 결정하는, 이런 사랑 넘치는 만남을 마지못해 포기해야 하는 것이다.

그런데 이렇게 시작된 관계도 자리를 잡으려면 시간이 필요하다. 어머니와 아기들은 이런 상호 적응을 하기 위해 모두에게 소중한 이 시간을 누리기는커녕 반대로 그것을 아주 일찍부터 포기해야 할 필요성과 대면하게 된다. 서로를 알고 서로에게 맞춰 나갈 시간을 갖기에는 너무 일찍 말이다. 설령 아버지가 존재한다 해도 때로 이 단계는 아직은 상당히 허술한 관계의 직조에 큰 상처로 경험될 수 있다.

아이들을 돌봐 주는 곳들이 어머니와 아버지들에게는 분명 편리함을 의미하지만 부분적으로는 그들의 자격을 떨어뜨리고 역할을 박탈하는 데에도 기여한다. 특히 여성들은 그것을 고통스러운 좌절로 느낀다. 실제로 여성들은 아기를 낳기가 무섭게 두 가지 감정이 공존하는 상황에 대면하게 된다. 그것은 아기와 떨어지는 것을 받아들일 마음의 준비가 되지 않은 상태에서 직장 활동 재개를 가능케 해주는 탁아 방식을 반드시 찾아야 한다는 것이다.

얼마 전부터 탁아 기관들은 생후 2개월 반부터 아기들을 받을 수 있게 되었다. 이때 탁아 기관에 들어갈 때 아기의 출생과 나이는 학년에 맞춰 엄격하게 계산된 기관의 일정표와 일치해야 한다는 조건이 붙는데, 그것이 항상 지켜지는 것은 아니다. 우리는 때 이른 사회화의 장점들을 그 근거로 제시하지만 그것은 아이와 아이의 어머니, 아버지, 아이가 속한 사회 집단과의 최초의 관계를 희생시키는 처사다. 나는 이 사회화 속에 어머니와 아기(또는 아버지와 아기) 쌍방의 계획된 또는 제도화한 욕구불만의 영역에 속하는 어떤 것이 있다고 말하고 싶다.

왜냐하면 탁아 기관에 들어오는 나이를 생후 3개월 내지 2개월 반으로 낮추는 것은 아기에게서 어머니가 존재하는 소중한 시간을 빼앗는 행위이기 때문이다. 그렇지 않아도 만남과 소중한 상호 적응이라는 면에서 이미 상당히 축소된 어머니의 존재이거늘. 이는 우리가 지금도 많이 빼앗고 있는, 그 무엇과도 바꿀 수 없는 소중한 시간이다!

미국의 열 개 대도시에서 10년에 걸쳐 추진된 최근의 연구에 따르면 탁아 방식과 무관하게 집 밖에서 보내는 시간이 많을수록 유아는 공격적이 된다고 한다.[9] 집단 시설에서 주당 서른 시간 이상을 보내는 아동들의 17퍼센트가 네 살쯤 되자 공격적인 아이로 드러났다. 이것은 교육자들이나 부모들에 의해 만장일치로 인정된 사실이다. 반대로 탁아 기관에서 열 시간 이하를 보낸 아동들의 경우 6퍼센트만이 이러한 행동을 보였다. 공격성의 정도가 사회적 신분에 달린 것이 아니라 모든 계층의 아동들과 관련이 있는 것이다.

이 아동들에게서 흔히 발견되는 행동 유형을 묘사하자면, "모든 싸움에 개입하고 잔인하며 폭발적 행동 양식을 갖고 있다. 끊임없이 말하고 명령에 의문을 제기하며 많은 관심을 가지고 지켜봐야 한다."

중요한 것은 교육자들의 감독하에 보낸 시간과 공격성의 증가 간에 일정한 관계가 있다는 것이다. 벨스키 박사는 그런 사실에서 다음과 같은 사회학적 결론을 도출해 낸다. "유아들을 위해 마련된 시설들에서 보낸 시간이 그들의 정신적 안정을 해치는 것으로 확인된 이상 가정에서 아이들에게 더 많은 시간을 할애해야 하고 부모 중 한 사람은 시간제로 근무하는 것을 고려해야 한다."

우리는 이런 놀라운 결과를 보고 정서적 심리 과정의 발달을 위한 최상의 조건을 아동에게 제공하는 방안과 조정 사항들을 생각해 내기 위해 노력해야 할 것이다. 그러면 우리는 집단 시설에서 머무는 시간을 계획할 때 낮은 연령대의 아동들에게 더 많은 유연성을 고려할 수

---

9) 《의사 신문 *Le Quotidien du médecin*》, 2001년 4월 24일.

있을 것이다. 탁아 기관에 반나절 머무른다는 생각 자체가 공식적으로는 상상할 수 없는 일이다. 같은 맥락에서 부모들의 근무 시간을 그들의 어린 자녀에게 최대한 유리하게, 가정의 확장을 통해 조정할 수는 없을까?

아동을 가정으로부터 너무 일찍 떼어 놓는 것을 공식화하는 이런 사회화 추세는 노동, 특히 어머니들의 노동이 필요하다는 것을 구실삼아 그로부터 다음과 같은 이중 이득을 얻는 경제의 독재에서 비롯된 것이다.

— 부모, 특히 어머니로 하여금 직무를 수행할 수 없게 만드는 짐을 덜어 준다.

— 가능한 한 일찍 아동 교육을 맡음으로써 일종의 조건화 비슷한 것 속에서 그들을 사회의 목표에 부합하는 개인들로 만든다. 그것은 어머니와 젖먹이의 관계의 지속성이라는 필수적인 생리적 필요성과는 대립되는 것이다.

이미 반세기 전에 도널드 위니코트는 이렇게 썼다.[10] "어머니와 아기의 관계의 지속성이 깨지는 것은 회복할 수 없는 어떤 것을 잃는 것이다. 어머니로부터 아기를 떼어 놓는 것은 어머니의 역할에 대한 터무니없는 이해 부족을 증명한다." 아기와의 때 이른 이별에 대한 대안을 어머니에게 남겨 주지 않는 것도 논란의 여지가 있는 일로 여겨진다. 아기를 보육 기관이나 다른 사람에게 맡겨야 한다는 의무 앞에서 죄책감을 느끼거나 망설임과 고뇌를 고백하는 어머니들이 너무나 많

---

10) 도널드 W. 위니코트 , 《아동과 외부 세계 *L'Enfant et le monde extérieur*》, 파요 출판사, 1947년.

다. 하지만 그것은 오늘날 너무나 '부적절한' 감정으로 통하기 때문에 여성은 아이 옆에 머물고 싶은 욕망을 표현할 용기를 내기 어렵다. 얼마나 많은 세대의 아이들을 희생시켜야 어머니와 자식에게, 그리고 그들의 행복에 필요한 시간을 중시하는 분위기가 다시 만들어질까?

수유의 예는 그러한 점에서 교훈적이다. 지난 수십 년간 서구 사회에서는 저명한 전문가들의 지지를 받은 인공 수유가 모유 수유를 대신해 오다가 최근 모든 점에서 '그 무엇과도 바꿀 수 없는' 것으로 인정된 모유로 다시 돌아왔다. 여러 세대의 어머니와 자식들이 그로 인해 피해를 입었다!

이렇듯 우리 사회는 가정의 비능률을 사회가 막을 수 있으며 완벽한 아이, 즉 사회가 부과한 표본에 완벽하게 부합하는 아이를 원한다면 그 사회의 목표에 동조하는 것으로 충분하다는 잠재적 메시지를 가정들에게 전하고 있다. 그 결과 많은 가정들은 그들에게도 그 필요성이 그다지 명백해 보이지 않는 때 이른 격리 과정을 찬성하는 논리를 재개하는 상황에 놓여 있다.

— 집단의 다른 아이들과 일찍 접촉함으로써 아이가 얻는 이득.

— 조기 교육과 관련된 이득. 유능한 아기는 이 시대의 새로운 신화로서 보육 기관에 들어오는 3개월, 심지어 2개월 반 된 아기의 활동 프로그램을 묻는 부모들의 걱정스러운 질문 속에서 무의식적으로 표출된다!

직장에서 얻는 경제적 이익은 다른 문제로 어쩌면 다른 방법으로 해결될 수 있을지 모른다. 여성들은 물질적으로 독립할 수 있는 권리를 요구했고 획득했다. 여성들의 상황은 분명히 향상되었지만 그 역사는 별로 오래되지 않았고 그 결과 몇 가지 변화를 야기하고야 말았다. 양

성평등을 염려한 여권주의자들의 요구 변화는 여성들을 모든 책임을 떠맡는 의무라는 궁지 속으로 몰아넣었다. 이때 가정의 새로운 배치 속에서 남성들이 차지하는 자리로 인한 파문이 없을 리 없었다. 여성들은 남성 모델을 차용함으로써 남성들이 가정에서 차지하는 특별한 역할을 빼앗아 버린 셈이 되었다. 요즘 '아버지의 자리를 남겨 달라'는 슬로건이 인기 있는 것도 그래서이다. 그야말로 모두의 위기인 것이다!

실제로 그로부터 우리는 다음과 같은 역설에 도달하게 되었다. 장애, 동성애, 인종적·문화적 차이 등 모든 종류의 차이를 인정하는 것이 품위 있는 일일지 몰라도 성별에 따른 역할의 차이만은 더 이상 통용되지 않고 있다. 남성 여성의 생물학적 상보성이 이제는 구식, 나아가 반동적인 것으로 간주되고 있다. 하지만 이것은 매우 중요하다. 왜냐하면 이것이 인류를 창시했기 때문이다.

여성들은 특별한 경험을 할 수 있으니 잉태가 그것이다. 아이는 여성의 몸을 '통과하고' 그의 몸에 지워지지 않는 흔적을 남긴다. 그리고 나는 아이가 여성의 배 속에서 아홉 달을 지낸 다음 팔을 지나 머릿속에 들어가 죽을 때까지 산다고 생각하기를 좋아한다! 왜냐하면 설령 한 어머니가 유아기의 전문가들이 자기보다 더 유능하다고 생각할 정도로 자신감이 없을 수는 있어도 아이와 가장 밀접한 관계를 맺은 사람은 자신이라는 깊은 확신을 갖고 있기 때문이다. 모든 어머니들은 이에 공감할 것이다. 보육 기관, 보모의 집 혹은 다른 곳에서 아이가 잘 지내지 못할 때 가장 먼저 통고받는 사람은 항상 어머니들이다. 그들에게 부여된 특별한 역할이 있기에 어머니들은 직장을 나와 아이를 데려오거나 병원에 데려간다. 그리고 '어머니는 전문가'이고 '다른 누구보다 자기 자식을 잘 이해할 수 있는 능력'을 가졌다고 보는 D. W. 위니코트에 따르면 이는 당연한 일이다. 그 결과 아버지들은 다른 것에 신경 쓰지 않고 직장 활동을 계속할 수 있는 용기를 얻고, 또 그렇게 해도 용서가 된다. 다행스럽게도 그렇다고 해서 그들만의 방식으로 개입하는 것마저 금지된 것은 아니며 상당수는 그것을 포기하지 않고 있다.

남편과 이혼하기로 결심한 한 여성은 이렇게 말했다. "사람들은 흔히 아버지의 자리를 남겨 놓으라고 충고하지만 만일 아버지가 그 자리를 차지하지 않고 여성이 아이들에 대한 책임을 떠맡아야 하는 상황이 닥치면 그땐 도리어 여성이 모든 걸 관리하고 아버지를 제외시키려 한다고 비난하죠……. 이건 해결할 수 없는 문제예요!"

또한 가정에서 일어나는 크고 작은 사건들을 공평하게 나누기는커녕(이것은 유토피아에서나 가능한 일일까?) 이에 동참하려는 노력도 보이지 않는 아버지들은 역설적이게도 관계가 결렬되거나 이혼한 뒤에 자식들 일에 많이 관심을 갖는 능력을 발견한다. "그가 드디어 아이에게 관심을 갖게 됐어요!" 얼마나 많은 어머니들이 이것을 확인하며 유감스러워했는지 모른다. 이혼은 여성들이 짊어진 짐(때로는 동시에 서너 가지 일을 해야 하는)에 무관심하던 남자를 이상적인 남성까지는 아니더라도 적어도 받아들일 수 있는 남성으로 변화시키는 듯하다. 함께 살 때, 아직 한 가족이었을 때 그랬어야 하는데.

흔히 여성들이 먼저 이혼을 제의하는 것은 직장에서는 남성들과 똑같이 일하고, 거기에 추가로 가정과 자녀들에 대한 책임을 혼자 감당해야 한다는 사실을 더 이상 참을 수 없기 때문이라고 고백한다. 게다가 이것은 점점 더 축소되는 부부 생활을 희생시키는 행위이다. 혼자 할 것——차라리 혼자 하는 편이 낫다——을 각오하고, 그리고 자기 가정을 위해 기꺼이 시간을 할애하는 것을 의도적으로 소홀히 해오던 남성의 부담을 떠맡을 것을 각오하고.

또 다른 여성 환자는 이혼한 뒤 아이들이 아버지 집에 있을 때 비로소 자신을 위한 시간을 찾았음을 쓸쓸하게 인정했다…….

최근의 여론 조사들에 따르면 남성들이 가사에 참여하는 시간이 30년 전보다 하루 12분밖에 늘지 않았다고 한다! 남성들은 주당 35시간제로의 이행을 통해 얻은 자유 시간을 활용하여 여성들이 맡은 책임의 일부를 부담할 수 있지 않을까? 아버지가 추가로 주당 네 시간은 가정에, 네 시간은 어머니를 짓누르는 부담을 덜어 주는 데 할애한다고 상상해 보라. 이런 선물이 어디 있겠는가! 하지만 여론 조사에 따르면 여성들은 집안일을 좀더 쉽게 처리하기 위해 새롭게 주어진 그 네 시간을 활용한다고 한다!

지금 여성들이 느끼는 욕구불만의 감정은 이전과는 그 특징이 다르다. 비록 직장 세계에서 '자기 실현'을 하고 있고 그 성과를 인정받을 뿐만 아니라 격려받고 있기는 하지만, 여성들의 다양한 기능을 고려하는 재조정의 필요성은 점점 더 크게 자각하고 있다. 그리고 설령 여성들이 직업적·금전적 독립을 획득했다고 해도 그것은 어디까지나 남성들에 비해서 그렇다는 것일 뿐 그런 지위가 부여하는 일체의 특권은 제공받지 못하고 있다. 왜냐하면 금전적 책임의 일부를 위임받았다고 해서 그동안 여성들이 거의 전부를 부담해 오던 집안일과 육아가 면제되는 것은 아니기 때문이다. 따라서 여성들은 이 불공평한 분담을 점점 더 강하게 비난하고 있다. 그들의 '독립'이 흔히 웃음거리밖에 안 되는 형태로 변하고 있는 것이 사실이기 때문이다.

그렇다고 아버지가 자기 몫의 책임을 지는 것으로 여성들이 처한 딜레마를 모두 해결할 수는 없다.

예를 들면 얼마 전부터 괄약근 조절 능력을 잃어버려 바지를 더럽히게 된 다섯 살 된 아들의 문제를 거론한 젊은 여성의 전화 내용도 그렇다. 그런데 이 아이는 이미 두 살 반 때 대소변 가리기가 끝난 아이였다. 그녀는 대단히 근심스러운 어조로 첫번째 상담 때 아이를 데리고 와야 하느냐고 물었다. 나는 소년이 어머니가 말하고자 하는 바를 모두 이해할 수 있는지 판단할 사람은 그녀밖에 없다고 대답했다. 처음에 망설이던 그녀는 떨리는 목소리에 담겨 있던 감정을 더 이상 숨기지 못하고 상황을 설명하기 시작했다. "내가 아이에게 충분한 관심을 쏟지 못하는 것 같아요. 아이가 두 살 때 애아버지랑 헤어졌어요. 음악가인 그는 집을 자주 비웠지만 그래도 나보다 아이를 돌보는 시간은 더 많았어요. 나로 말하면 직장에서의 책임 때문에 자신에게 끔찍한 노동 강도를 부과했어요. 때로는 아주 먼 곳까지 장기간의 출장도 많이 다녔지만 그렇지 않을 때에도 너무 늦게 귀가해서 아이를 많이 보지 못했어요. 아이 아버지가 아이를 불규칙적으로 만나면서도 육아를 나보다 쉽게 한 반면 나는 끊임없이 죄의식을 가졌어요. 아들은 나를 원망하는 듯했어요. 아이는 나를 거부하고 자기에게 더 많은 시간을 내주는 것처럼 느껴지는 아버지에게 달려갔어요. 일상 생활을 유지시켜주는 사람은 난데도 말이죠. 그 사실을 알았을 때 나는 안심이 되면서도 소외감을 느꼈어요. 그런데 아이가 태어날 때부터 죽 그래왔기 때문에 해결책을 찾을 수가 없네요. 아들의 문제가 이런 상황에서 비롯된 것이 아닌가 싶어요. 그리고 나도 이 상황을 견디기가 점점 더 힘들어요."

독백이 이 단계에 이르자 젊은 여성은 감정이 복받쳐서 울음을 참을 수가 없었다. 아들의 일보다 그녀의 기운을 북돋아 주는 것이 우선이라고 생각한 나는 첫번째 상담 때 혼자 올 것을 제안했다. 그것은 처음 통화했을 때 그녀가 은근히 바라던 바이기도 했다. 그녀의 어린 아들에 관한 문제는 그 다음에 생각해 볼 것이다.

더 길게 언급하지 않더라도 이 짧은 통화 내용은 해결할 수 없는 갈등에 처한 많은 젊은 어머니들의 혼란을 상징하는 것으로 보였다. 독립에 대한 갈망을 실현하는 직업적 의무와 자신과 주변 사람들의 정서적 균형을 보장하는 가정적 헌신 사이에서 갈팡질팡하는 천재적인 곡예사들. 이처럼 그들은 자신의 신념, 즉 도전에 응할 수 있는 능력을 뒤흔드는 복잡한 현실 앞에서 죄책감을 느끼게 된다. 동시에 모든 곳에 존재하면서 모든 것이 되어 달라는 주변 사람들의 기대를 한 몸에 받는 이 여성들은 육신이 분열되는 끔찍한 느낌에서 탈출하려고 필사적으로 노력한다. "나는 직장에서의 경력을 위해 모든 것을 희생할 준비가 되어 있는가?"라고 물으며 스스로 근본적인 딜레마에 빠지는 나의 내담자의 경우처럼 말이다.

아버지가 교육적 책임을 담당한——이는 강조될 필요가 있다—— 이 경우에서조차 이 젊은 여성은 자신이 어린 자녀의 어머니로서의 역할을 잘 해내지 못한다고 느꼈고, 자녀도 어머니의 존재에 대해 실망했다. 왜냐하면 여성들은 대개의 남성들과 달리 내키지도 않는데 직장에서의 성공을 가장 우선시하지는 않기 때문이다. 유년기에 아이 옆에서 보낸 시간은 죄책감 없이 직장 생활에 매달릴 수 있는 미래를 보장해 준다. 이것은 한때이며 이를 훗날로 미루는 것은 무모한 짓이다.

왜냐하면 훗날 정말로 그럴 때가 아닌데도 아이들이 부모들을 붙잡아 두기 위해 퇴행 현상을 보이거나 기능장애를 보일 위험이 있기 때문이다. 사회가 부모, 특히 어머니의 이 중요한 역할을 대신할 의무는 없지만 그들이 자유롭게 선택할 수 있도록 도와야 한다.

과업의 정확한 분담을 전제로 하는 두 영역——직장과 가정——을 양립시키는 타협안을 찾기는 매우 어렵기 때문에 해결책은 대개 아동의 빠른 자립 쪽으로 간다. 하지만 책임을 배우자와 나누지 못한 어머니는 아이를 희생시켜서 아버지를 보호하는 데 무의식적으로 기여하는 셈이 된다.

남성들이 여성들에게 자리를 마련해 주려면 여성들의 새로운 권력 관계에 따라 그들의 역할을 바라보는 시각을 수정해야 한다. 부부가 각자의 꿈과 자유 공간을 지키려면 그런 재조정이 반드시 필요하다. 그리고 나는 여기에 맨 먼저 아이들 자신의 꿈을 덧붙이겠다. 그들이 바라는 건 하나밖에 없다. 바로 지금 어머니, 아버지가 옆에 있어 주고 관심을 기울여 주는 것이 그것이다. 이 조건만 충족되면 아이들은 독립적인 인간이 되는 법을 배울 수 있다. 어떤 경우에도 아이가 부모와 연루된 면에서 그들의 정당한 권리를 희생시키면서, 부모의 소외된 그림자가 되기를 점점 더 자주 거부하게 되는 현상이 일어나선 안 된다. 아이에게 생명만큼 소중한 부모의 사랑을 확인하기 위한 것일지라도 아이는 할 수 있는 만큼만 적응한다. 때로는 어렵게 때로는 고통스럽게, 부모가 자신에게 부여하는 부적절한 삶의 리듬에 따라.

3

방해받는 자율성

때로는 아동이 자율적인 인간이 될 수 없는 경우가 있다. 개인의 역사와 관련된 모호한 이유로 불안에 사로잡힌 어머니는 아동의 타고난 성향을 억제한다. 그리고 '자녀 놓아 주기'가 중요한 가치라는 것임을 그만큼 덜 인정한다. 이것이 반드시 눈에 띄는 어머니의 과잉보호 행동으로 나타나는 것은 아니다. 그보다는 아동의 장애가 어머니의 두려움을 드러내는 경우가 많다.

아이와 성장에 대한 두려움

올해 다섯 살 된 콩스탕스는 부모가 집에 없는 것, 특히 부모가 저녁에 외출하는 것을 견디지 못하는 어려움 때문에 어머니가 데려온 경우다. 얼마 전부터는 학교에 가기 위해 헤어져야 할 때조차 그런다고 했다.

이 꼬마 아가씨는 부모가 일주일 동안 집을 비웠을 때 매우 힘들어했으며 부모가 여행하는 동안 보낸 음성 메시지는 그들의 말에 따르면, 무척이나 비장했다고 한다. 부모가 돌아오자 분리에 대한 투정은 현실적인 고뇌로 나타났다. 어머니는 아이를 '일상 생활에서 까다롭고 절대 만족하지 않는 폭군'으로 묘사했다.

내가 가족을 그려 보라고 제안하자 콩스탕스는 자기 그림을 이렇게 설명했다.

"참! 엄마를 나보다 작게 그리려고 했는데."

아이는 어머니의 키를 고치고 어머니와 자기 사이에 알아보기 힘든 아기 하나를 더 그려 넣었다. 콩스탕스와 어머니는 마치 아기를 보호하려는 듯 아기 쪽으로 몸을 숙이고 있었다. 아버지는 그림에 없었다. 내가 묻기도 전에 콩스탕스는 만족스럽게 덧붙였다.

"내가 아기예요."

내가 물었다.

"무슨 말을 하고 싶어?"

"아기한테 '너를 무척 사랑해. 그리고 네가 빨리 컸으면 좋겠어'라고 말할 것 같아요."

"그럼 엄마는 무슨 말을 할까?"

"엄마는 아기에게 '그만해!' 라고 말할 것 같아요."

우리는 이 첫번째 그림의 두 가지 반대 감정을 어렵지 않게 느낄 수 있었다. 콩스탕스는 크고 싶은 욕망과 아무것도 하지 말 것을 명령하는 어머니의 욕망 사이에서 갈등하고 있었다. 모녀 사이에 형성된 융합적인 관계가 아이로 하여금 아버지와 가까워져 오이디푸스 콤플렉스 시기로 들어가는 것을 방해하고 있었다.

내가 논평했다.

"네가 계속 아기로 있는 게 좋은지, 아니면 다섯 살짜리 소녀로 행동하기로 해야 할지 결정하기가 쉽지 않지?"

콩스탕스는 생각에 잠긴 눈빛으로 나를 보면서 그렇다는 듯 고개를 끄덕였다.

두번째 상담에서는 우리의 첫번째 상담의 성과가 뚜렷하게 나타났다. 아이는 역시 자신을 소녀와 아기로 표현했으나 이번에는 부모 사이에 있었다. 그리고 아버지가 아기에게 말했다. "나는 네가 빨리 컸으면 좋겠다." 아이가 아버지의 입을 빌려 한 말은 오이디푸스 시기의 시작을 의미했다.

그림 속의 소녀는 아기에게 이렇게 말했다. "나는 네가 어서 빨리 학교에 갔으면 좋겠어."

어머니는 아기에게 이렇게 말하는 것으로 만족했다. "사랑해."

우리는 이 두번째 그림 속에서 뚜렷한 변화를 확인했고 어머니가 투정은 줄었고 입학도 순조롭게 지나갔다고 말했다.

딸이 크는 것을 격려하는 아버지의 모습은 틀림없이 발전의 신호다. 콩스탕스가 어머니로부터 거리를 두기 시작한 것이다. 하지만 나는 아이가 변화에 대한 어머니의 망설임을 자기 방식대로 지적했다고 생각한다. 그것은 어머니가 내 앞에서 딸에게 말을 걸 때 항상 아이를 '내 아기'로 불렀다는 사실에서도 확인되는 바이다……

내가 그것을 어머니에게 지적하자 콩스탕스는 난감한 표정으로 마치 어머니를 위로하려는 듯 그녀의 품속에 숨었다. 감동받은 어머니는 기쁘게 놀이에 동참했고 아이가 하고 있던 일로 돌아가라고 격려하지 않았다.

나는 강조했다.

"아이가 더 이상 아기처럼 행동하지 않겠다고 결심했을 때에는 부모가 아이를 도와줘야 해. 그러지 않으면 아이가 부모 마음을 아프게 하는 것을 두려워할 수 있기 때문이야. 이렇게 하는 게 엄마를 기쁘게 하는 거라고 생각하면서 아기 놀이를 하지 않을래?"

첫 상담 때 엄마는 제왕절개 수술을 통해 일찍 태어난 딸이 신생아실에 입원해 있느라 두 달 동안 떨어져 있었다고 말했다. 게다가 아빠는 아내가 원하는 데도 불구하고 나이 때문에 둘째아이 갖기를 원치 않았다. 그때부터 엄마는 이 아기에게 과도하게 매달렸고, 그런 상황에서 그것은 너무나 당연하게 여겨졌다.

엄마는 이 문제에 대해 자발적으로 털어놓았다.

"정말로 둘째아이를 포기하기가 힘들었어요. 콩스탕스도 그걸 느낄 거예요. 하지만 나는 그애가 이 모든 것에 대한 대가를 치르고 불행해지는 것은 원치 않아요."

나도 콩스탕스에게 그렇게 설명했고, 아이는 한마디도 놓치지 않고 들었다.

"아빠와의 일은 엄마가 해결하게 내버려둬. 엄마 아빠는 서로 사랑하고 있고 너 없이도 두 분의 문제를 잘 해결할 수 있어. 너는 반대로 생각하고 있고 너 자신을 없어서는 안 될 존재로 여기고 있어. 그래서 두 분을 떠나기 싫은 거야. 두 분은 너와 떨어져 있을 때에도 널 잊지 않아. 하지만 모든 사람은 자신의 삶을 살 자유가 있어. 그리고 어른들의 삶과 아이들의 삶은 달라. 두 분도 한때는 아이들이었고 성장하는 쪽을 선택해서 어른이 된 거야. 각자 자기 차례가 있는 거지. 지금은 네가 소녀로서 행복한 삶을 살 차례야."

콩스탕스는 성장하기, 자율적인 인간으로 자라기를 거부했는데, 그
것은 무의식적으로 자신에게 계속 의존하기를 바라는 어머니를 실망시
키지 않기 위해서였다. 게다가 콩스탕스의 어머니는 이렇게 덧붙였다.

"콩스탕스는 갈피를 잡기 힘들 거예요. 왜냐하면 나는 저 애가 너무
어려서 선택하기 힘들 때부터 항상 뭘 먹을지, 뭘 입을지 등 모든 것
에 대한 선택권을 줘 왔거든요. 저 애는 때로 자신을 실제보다 더 큰
아이로 여기는 것 같고, 때로는 아기로 여기는 것 같아요. 학교에서
아이들을 점점 더 일찍부터 자율적인 인간이 되라고 부추기는 만큼 더
욱 그런 것 같아요. 나는 이렇게 상반된 태도들이 얼마나 저 애에게
혼란을 일으키는지 깨달았어요."

바로 그때 콩스탕스가 끼어들어 어머니의 인식을 확인했다.

"나는 내년에도 꼬마들 반에 남고 싶어요. 언니들 반으로 옮겨가면
더 이상 엄마의 아기가 될 수 없잖아요. 크는 것은 좋은 일이 아니에
요. 하고 싶은 일을 다 할 수 없거든요."

소녀는 아기의 절대 권력을 포기하기 힘들었던 것이다. 많은 아이들
이 그렇듯 아이의 욕망은 어머니의 무의식적 욕망의 반영일 뿐이었다.

콩스탕스는 자발적으로 그림 하나를 그렸는데 그것은 아이가 확신
을 가지고 표현한 것을 구체적으로 보여주고 있었다.

"이건 앞으로 나가고 싶지 않은 큰 말과 앞으로 나가고 싶은 작은 말
이에요. 어떤 부인이 큰 말을 탄 소녀에게 고삐 쥐는 법을 설명해 주고
있어요……."

자신에게 중요한 메시지를 놀라울 정도로 간결한 방법, 대개 그림
이라는 간단한 표현 수단으로 전달하는 아이들의 능력은 항상 우리를
놀라게 한다.

그래서 나는 아이의 설명을 확인했다.

"이 애는 자기 삶의 고삐를 쥐는 법, 크는 법을 무척 배우고 싶어하는구나. 이 애가 '부인으로부터 도움받기'를 받아들이기만 하면 분명 그렇게 될 거야."

상담이 끝나자 콩스탕스의 엄마는 딸, 그리고 자신 안에서도 이루어졌을 변화들에 대한 만족을 이렇게 표현했다.

"저 애가 크는 걸 보는 건 정말 멋진 일이에요!"

아이에게는 점진적인 자율성의 획득을 경험하기 위해 어른의 욕구, 의지와 정기적으로 대면하여 자신의 고유한 욕망을 평가하고픈 기본적인 욕구가 있다. 이것은 아이에게 반항할 수 있는 기회를 제공한다. 나아가 모든 것을 아이가 하는 대로 내버려두거나 끊임없이 선택을 요구하는 것은 결국 아이에게 안정감을 주는 버팀목을 빼앗는 것이나 마찬가지다. 이렇게 하는 게 아이를 존중하는 것이라는 논리로 모든 것을 허용하는 행위를 정당화하는 부모들은 아이를 절대 권력이라는 위치에 놓는 데 기여하게 되는데, 이는 아이에게는 너무 부담스럽고 걱정스러운 자리이다.

그런데 금지 없는 사랑은 없으니, 금지는 미래의 많은 약속을 감추고 욕망을 키우는 것이다. 아이의 욕망에 대항하는 것은 아이로 하여금 자신이 원하는 바를 확신하기 위해 반드시 필요한 노력을 불러일으키는 행위이다. 그럼으로써 아이는 스스로 결정하고 튼튼한 자아를 건설하게 된다.

콩스탕스가 그토록 큰 위기들에 대해 도움을 청한 것은 당연하다. 그것은 구조 요청과 같은 것이었다. 한쪽에서는 아기로 남아 있으라고 명령하고 다른 한쪽에서는 어른처럼 자신이 원하는 것을 하라고 허락하는 모순되는 상황을 어떻게 견딜 수 있겠는가! 마치 자신이 무엇을 정말로 원하는지를 알 정도로 충분히 큰 사람을 대하듯이! 콩스탕스는 궁지에 몰렸고 거기서는 단순하게 소녀로서의 삶을 산다는 것이 불가능했다. 그 아이의 발작들은 자신의 불안을 표현한 것이었다. 아기로 행동하건 잘 훈련된 작은 원숭이로 행동하건 콩스탕스는 절대 권력을 가진 느낌을 갖고 있었는데 이는 진정한 자율성과는 아주 거리가 먼 것이었다. 첫번째 그림에서는 콩스탕스가 어머니와 자신을 결합시키는 융합적 관계를 표현한 데 반해, 두번째 그림에서는 아버지라는 존재가 융합적 관계를 해체시키는 과정에 들어갔다. 왜냐하면 이미 언급한 바와 같이 아버지는 아이와 어머니를 상징적으로 분리시키는 제삼자를 의미하기 때문이다.

어쩌면 역설적이게도 어머니의 욕망이 딸을 아기로 잡아두려는 것이었을 때 이 소녀의 자율화를 위한 원동력은 방해받았고, 반대로 어머니가 자식의 모든 욕망, 심지어 과도한 욕망도 들어주었을 때 그 원동력은 지나친 것이 되었다고 할 수 있을지 모른다. 이렇게 반대 감정이 공존하는 어머니의 태도 앞에서 아이가 어떻게 자신의 위치를 정하고 가족 속에서 자기 자리를 찾을 수 있었겠는가?

모든 교육의 목표는 부모로 하여금 자녀와의 '적당한 거리'를 찾게 하는 데 있다. 부모는 그들만의 사회적·정서적 삶이 있으며, 항상 너를 필요로 하는 것은 아니라고 자식을 설득하려고 노력해야 한다. 그것은 자녀뿐 아니라 부모 자신의 자유 공간을 지켜 주는 것이다.

절대 권력을 휘두르는 아이

샤를은 생기 있는 눈빛과 도전적인 태도를 가진 네 살 된 소년이다. 상담 동기는 아이가 틀에 박힌 방식으로 행동한다는 것이었다. 아이 아버지에 따르면 이런 태도는 가족들의 행동을 매우 구속하게 되었다고 한다. 하지만 어머니는 이에 대해 아버지만큼 걱정하지 않았다.

샤를이 생각하는 행동들은 엄격히 반복되어야만 했는데 그것은 아무것도 바뀌면 안 되는 익숙한 일들, 또는 아이가 사소한 것까지도 통제하기를 원하는 일상적인 동작들과 관련된 관례적인 일들이었다. 이를테면 어느 문은 오직 그만이 열거나 닫을 수 있었다. 만일 누군가 실수로 그 대신 행동하면 아이는 그것을 자신의 세계에 대한 간섭으로 해석하고 끝없는 발작을 일으켰다. 유치원에서도 아이는 교사의 지시를 따를지 거부할지를 스스로 결정했다. 가족에게 경고한 사람은 선생님이었다.

부모와 상담하는 동안 샤를은 자신의 행동을 거론하는 말 한마디 한마디에 깊은 관심을 기울였다. 아이의 행동에 대한 부모의 생각은 대조를 이루었다. 실제로 아이의 아버지는 샤를에 대한 아내의 관용주의를 비난했다. 그녀가 '아이의 그런 성향을 막기는커녕 유지시켜 주었다는' 것이다. "아내는 아들을 두려워했고 아이의 습관을 예상해서 충돌을 피할 정도였는 데 반해 나는 아이에게 자기가 모든 일을 결정할 수는 없다거나 우리보다 더 강하다는 생각을 하지 못하도록 한계를 그으려고 노력했죠." 아버지는 그렇게 말했다.

바로 그때 샤를은 어머니에게 기어올라 어머니를 독차지하고 질문을 퍼부어대면서 우리의 화제를 바꾸려고 했다. 아이는 오만하고 환희에 찬 시선으로 아버지를 쳐다보았고 아들에게 선택된 것이 기쁜 어머니는 태연한 표정으로 아무런 반발도 항의도 제기하지 않았다. 그리하여 아버지는 모자간의 결탁에 의해 궁지에 몰리게 되었다. 아버지는 이 결탁이 "지속적이고 내 권위는 조금도 인정하지 않는다"고 했다.

반대로 아내가 보는 아버지는 교육적 간섭이 '지나치며' 게다가 자신은 그 간섭이 '부적절하고 제멋대로이며 항상 시기적절하지 않은' 것으로 판단한다고 했다. 마치 아들을 아내를 제압하고 '자신의 유능함을 증명하는' 도구로 사용하는 듯하다고 했다. "상대적인 유능함이죠!" 아버지는 체념한 듯한 어조로 덧붙였다.

겉보기에도 꽤 철이 없어 보이는 이 엄마는 자신이 아직도 친정어머니에게 많이 의존하고 있으며 항상 친정어머니를 본보기로 삼는다고 말했다. 자신의 문제를 해결할 능력이 없는 그녀이기에 일관성 있는 한계, 그녀 자신도 완전히 체득하지 못해서 전달하기 어려운 규칙들을 찾는 아들에게 들볶이는 것은 당연했다.

아버지로 말하면 그는 인생의 좌표가 되는 사람을 많이 갖지는 못했지만 아내와 달리 모든 점, 즉 물질적인 면과 정서적인 면에서 기복이 심하고 불안정한 유년기를 보낸 것을 유감스럽게 생각하고 있었다. "난 열네 살 때 집을 나가 내 인생을 살기로 결심했죠. 가족들의 파괴적인 지배력에서 벗어나려고요. 난 자수성가했고 내 아들에게는 그런 시련을 겪게 하고 싶지 않아요." 그는 말했다.

겉보기와 달리 우리는 샤를이 바로 분명한 한계의 결핍으로 인해 고통을 겪고 있으며, 그것이 모든 차원에서 그를 불리하게 만들고 있다는 가설을 세워 볼 수 있다. 모든 것을 결정하는 데 익숙해진 아이는 어른이 된 듯한 착각에 빠져 있었고, 그것은 아이를 자율적인 인간으로 만들기는커녕 자주성을 잃게 했다. 게다가 아이 자신은 스스로 빠져나오기 힘든 반복적 행동 습관이라는 덫에 빠져 있었다.

그런데 제약을 먼저 받아들이지 않으면 어떤 건설적인 자유도 얻을 수 없다. 이 소년이 앞으로 정신적 안정을 찾느냐 못 찾느냐 하는 문제는 제약의 부재에 달려 있었다. 어머니가 아이의 모든 욕망을 예견하고 무조건 옳다고 함으로써 아이는 이 무익한 목적의 관습들을 스스로 부과하고 거기서 일시적인 만족을 느끼게까지 된 것이었다. 왜냐하면 반복적 행동은 선택된 것이 아니라 하는 수 없이, 억제할 수 없기에 따르는 것이며 이는 확고하고 자율적인 행동과는 정반대되는 것이기 때문이다.

더 이상 아무도 그를 대신할 수 없고 그의 역할을 맡을 수 없는 가정에서 아이는 어머니의 '과도한 애정'의 대상이면서도 항상 불안한 분위기 속에서 살고 있었다. '모든 것이 허용되는 것'은 '모든 것이 금지되는 것'만큼이나 두려운 것이었다.

어머니는 끊임없이 아버지의 권위를 떨어뜨렸고 아버지를 희생시킴으로써 자신에게 특권을 부여했다는 것을 안 샤를은 어머니 곁의 아버지 자리를 차지한 자신의 모습을 상상할 권리가 있었다. 아버지는 이제 '모자를 떼어 놓는 제삼자,' 규제하고 자신의 법을 강요하는 역할을 해줄 수 있을 것 같지 않았다. 우리는 그런 상황이 샤를로 하여금 자신의 오이디푸스 콤플렉스를 해결하는 쪽으로 나아가게 하는 데 전혀 도움이 안 된다는 것을 알고 있었다.

아들에게 어떤 한계도 부여하기를 거부한 이 어머니는 아이 마음속에 자신만이 어머니를 기쁘게 해줄 수 있다는 느낌을 품게 할 정도로 아들을 자신에게 종속되게 만들었다. 모자의 융합적 태도의 직접적인 결과로 샤를은 아버지와 접촉할 기회를 잃어버렸다. 그런데 샤를은 소년이었고, 동성의 모델로서 아버지와 자신을 동일시할 필요가 있었다. 모든 아동에게 이 동일시 문제는 중요하다. 하지만 이 아이가 어떻게 할 수 있었겠는가? 샤를은 어머니가 자신에게 집착하는 만큼 어머니에게 집착했고, 독립적인 인간이 되기 위해 필요한 분리는 그에게 불가능한 것이 되었다.

이렇게 복잡한 상황에서 부모의 협조 없이 샤를을 맡는 것은 불가능한 일이었다. 하지만 그것은 그들 가족 각자가 자기 자리를 되찾기 위해 반드시 해야만 하는 일이었다.

학교에서 빈번하게 눈에 띄는 일이지만 범위와 한계의 결여는 그 자체가 우리 사회의 증상이 되었다. 그리고 아이가 다른 사람들과 조화로운 관계 속에서 살아가려면 반드시 필요한 몇 가지 기본적인 교육적 원칙들을 받아들이지 못한다는 사실을 뒤늦게 깨닫고 당황해서 상담실을 찾아오는 부모들도 심심치 않게 만날 수 있다. 적잖은 욕구 불만을 내포하는 '통제된 용인'과 상처를 줄지 모른다는 두려움 때문에 '모든 것을 허용하는' 것 사이에 존재하는 뿌리 깊은 혼동은 여간해서는 사라지지 않는 듯하다. 아이들은 속지 않으며 부모 안에 존재하는 양면 감정에서 자신이 끌어낼 수 있는 부수적인 이익을 재빨리 간파한다. 게다가 우리는 모든 요구에 대한 즉각적인 만족을 요구하는 '즉시성'이 판치는 사회에 살고 있으며, 그것은 미래의 자기 모습을 투사하는 데 필요한 꿈꿀 수 있는 능력을 보장하는 유예와 참을성을 희생시킨다.

이런 제약 없는 자유에도 불구하고 아이들은 그만큼 자율적이지 못한데, 그것은 자율성은 때로 즉각적 쾌락의 포기를 받아들이는 데에서 얻어지며 인생 수업에 반드시 필요한 것이기 때문이다. '상징적 거세,'[11] 즉 욕망의 전능함과 관련된 좌절의 경험은 모든 인간이 반드시 거쳐야 하는 과정이다. 아이를 조금이라도 현실적 적응력이 있는 사람으로 만들고 싶은 부모라면 누구나 자녀로 하여금 이 과정을 거치게 해야 한다. 제약 없는 상황에서 샤를은 이런 포기를 경험할 기회가 없었다. 그것은 그의 초자아의 출현에 도움이 되지 못한다. 스스로 책임지기는 사실 처음엔 외부에서 아이에게 부과되는 금지로부터 형성되는 이 초자아에 달려 있다. 아이는 그 결과로 그것을 내면화하며 평생 그것을 참조한다.

따라서 모든 아동은 이 과정을 통합해야만 자신의 감정과 타인과의 관계를 관리할 수 있는, 다시 말해 '사회 속에서 다른 사람들과 섞여 있으면서도 주체성을 잃지 않고 독립적인 사고를 유지하는'[12] 능력을 개발할 수 있는 사람으로 조금씩 인정받을 수 있다. 사회적 통합은 가정이라는 축소된 사회 안에서 처음 시작되는 것이다.

---

11) 프랑수아즈 돌토, 《아이들의 입장 *La Cause des enfants*》, 라퐁트 출판사, 1985년.

12) 프랑수아즈 돌토, 《아동기의 주요 단계 *Les Étapes majeures de l'enfance*》, 갈리마르 출판사, 1994년.

부모를 치료하는 아이

다섯 살 된 사뮈엘은 어머니와 떨어지는 것에 대한 극도의 공포증과 낯선 사람에 대한 두려움 때문에 상담을 받으러 왔다. 아이의 증상이 뚜렷이 나타난 것은 학교에 가서 들어가지 않으려고 할 때였다. 아이에게서 발산되는 슬픔의 심각성은 놀라울 정도였다.

아이가 태어나기 전부터 아팠던 어머니는 여러 차례 무거운 수술을 받아야 했고, 그래서 여러 차례 입원을 해야 했다. 어머니의 병이 재발할 때마다 소년의 어려움은 커져만 갔다. 어머니는 사뮈엘의 탄생이 자신에게 병과 싸울 수 있는 힘을 다시 북돋아 주었다고 강조했다. 사뮈엘은 그녀 인생의 연장, 살고 싶은 욕망의 근거지가 되었다.

첫번째 상담에서 사뮈엘은 자신의 시선과 말을 계속 어머니에게 맞추고 통제하면서 어머니가 어떤 동의나 비난을 표하지 않나 끊임없이 살폈다. 어머니와의 융합적 관계 속에서 이 아이가 자율성을 갖기 위해 필요한 개인적인 공간은 전혀 없어 보였다.

사뮈엘은 어떤 면에서 자신을 어머니 삶의 보증인으로 생각했으며, 그래서 어머니를 저버리지 않기 위해 떨어지지 않으려 했다. 왜냐하면 어머니가 너무 위험한 상태라 그냥 내버려둘 수 없다고 본 것이었다. 아버지로 말하면 아내의 병 때문에 큰 고통을 겪고 어리둥절해 있는 상태라 아내를 위한 위로를 기대하기는 어려운 상태였다. 사뮈엘은 아버지 대신 그런 지지와 보호 역할을 떠맡았으며, 허약하고 자신을 안심시킬 만한 능력이 없다고 느낀 아버지에 대해선 혈연 관계를 부인했다. 첫번째 상담 때 사뮈엘은 집과 그 안에 있는 소년을 그리고 이렇게 설명했다.

"작은 남자아이는 나가고 싶은데 문이 잠겨 있어요……."

나는 그 말을 이렇게 해석했다.

"작은 남자아이는 자유롭고 싶은데 열쇠가 없나 보구나. 다른 사람의 도움을 받으면 찾을 수 있을지도 몰라."

그리고 이 첫번째 상담을 마치기 위해 나는 사뮈엘에게 너의 역할은 어머니를 돌보는 것이 아니다, 어머니는 다른 데에서 도움을 받을 수 있다, 아버지도 어머니를 부양하고 보호하기 위해 존재하는 것이니 네가 어머니의 주치의가 될 임무는 없으며 '작은 남자아이는 자기 삶을 살아야 한다'는 것을 분명히 알렸다.

사뮈엘은 내 말에 대한 즉각적인 반응으로 아버지에게 전화해서 이곳에 와 달라고 부탁해도 되느냐고 물어보았다. 아이는 아버지를 우리의 상담에 상징적으로 통합시킴으로써 내가 건넨 메시지에 동의를 표했고, 헤어질 때 나는 아이에게서 어떤 안도감을 감지할 수 있었다. 그리고 아이는 아버지와 함께 다시 오라는 나의 제안을 웃으면서 받아들였다.

아버지를 동반한 두번째 상담에서 사뮈엘은 '세상에서 가장 큰 어떤 성의 꼭대기에서 사는' 왕과 왕비, 그리고 '왕과 왕비 바로 아래층에' 사는 자신을 그렸다.

나는 그림 속 아이가 다른 자리, 즉 다섯 살 된 소년의 자리, 부모에 의해 길러지는 아들의 자리를 받아들이기로 한 것 같다고 아이에게 설명해 주었다.

상담을 거듭하면서 아이의 표정은 점점 더 밝아졌고 행동에서도 또래 아이들처럼 무사태평한 점이 많아졌다. 이런 발전들은 학교에 대한 공포가 사라지고 아버지와의 관계 속에서 기쁨을 느끼고 어머니가 없는 시간을 견디는 능력이 커지면서 구체화될 것이다.

이 경우는 어떻게 아이가, 그것도 아주 어린아이가 부모 중 한 사람의 신체적 또는 정신적 온전함을 책임지고 있다고 생각할 수 있는지를 보여준다. 자신의 주된 역할이 부모의 결점을 채워 주기 위해 필사적으로 노력하는 것일 때 어떻게 사뮈엘이 독립할 수 있었겠는가?

이러한 사실은 우리로 하여금 자율성 개념에 신중하게 접근할 것을 촉구한다. 자율성은 사실 부모 중 한 사람이 아이에게 무의식적으로 투사하는, 또는 아이가 자신의 몫으로 여기는 어려움들에 의해 저지될 수 있다. 아이는 취약한 환경을 책임짐으로써 결함 있는 부모를 '소생시키려고' 애쓰는데, 그러면서 자기 자신의 자율성을 희생시키는 경우가 너무 많다.

지워진 아이

반대로 부모와 교사의 지시를 곧이곧대로 따르는 데 만족하고, 지나치게 고분고분하고 아무 위험도 감수하지 않는 아이는 어떤 주도적 감각도 획득할 수 없다. 아이가 환상을 가지고 있다면 그것은 헛돌기 마련이며 허울뿐인 실현은 절대 이어지지 않는다. 개발하지 않은 창의력은 빈약해지며 훗날 그것에 접근하는 데 어려움을 겪게 될 것이다.

올해 열 살 된 이 소녀도 그런 경우였다. 부모는 소녀가 남들에게 자신의 의사를 표현하지 못하는 점, 그리고 우수한 성적에도 불구하고 구두로 대답해야 할 때 공포에 사로잡히는 점 등 교실에서 겪는 억제 문제로 상담을 청했다.

도미니크는 경직된 채 차렷 자세를 하고 어떤 충동적인 동작도 허용하지 않았다. 소녀는 항상 누군가 그녀에게 허락을 내리기를 기다리는 것 같았다. 들릴 듯 말 듯한 소녀의 목소리는 바로 유아의 목소리였다. 첫번째 상담에서 내가 간단한 질문을 던졌을 때에도 소녀는 곧 어머니를 돌아보면서 어머니가 대신 대답해 주기를 바라거나 적어도 자신에게 대답을 속삭여 주기를 기대했다. 도미니크에게는 세 살 터울의 남동생이 있었는데 남동생은 아무 문제없이 '자기 삶을 살아가고' 있었다.

도미니크가 태어나기 1년 전 어머니는 생후 이틀된 어린 딸을 잃었다. 그래서 둘째아이를 임신했을 동안과 출산한 후에 너무나 불안했던 어머니는 아이를 충분히 보호하지 못해서 잃을지도 모른다는 두려움을 떨치지 못하고 끊임없이 딸을 감시했다. 어머니의 지속적인 감시 밑에서 도미니크는 자발성을 발휘하도록 격려받지 못하고 반대로 모든 시도, 심지어 가장 평범한 것마저도 포기하도록 부추겨졌다. 모든 것이 위험했다. 공원의 '오염된' 모래를 가지고 노는 것, 장난감을 입으로 가져가는 것, 다른 아이나 어른에게 뽀뽀하는 것, 과자를 나눠 먹는 것 등 밖에서 오는 것은 모두 위험하다고 보았다. 어머니만이 그녀에게 좋고 나쁜 것을 알았으며, 어머니가 내린 결정은 돌이킬 수 없었다.

아주 어릴 때부터 모든 자율적인 시도를 방해받은 도미니크는 신체 지능·감각 지능, 특히 놀이를 통해 느껴지는 정서적 지능을 희생시키면서 지성만을 필요 이상으로 발달시켰다. 그 아이는 스스로 모든 것을 영원히 금할 정도로 어머니의 금지를 내면화했다.

학교에서 도미니크는 권위적인 한 친구를 맹목적으로 추종하면서 그가 자신을 보호해 주기를 기대했다. 자신이 이용당하거나 그 '친구' 의 놀림거리가 될 수 있다는 생각은 하지 못한 채 어머니와 똑같은 관계의 도식을 재현하고 있었다. 자신이 왕따 당하는 데 대해서도 감히 불평을 털어놓지 못했다. 하지만 왕따는 자주 일어났고 그로 인해 도미니크는 자주 불면증을 겪었다. 그때까지 딸의 문제를 의식하지 못하고 있던 부모가 경각심을 갖게 된 것도 딸이 만성적으로 시달리기 시작한 이 불면증 때문이었다.

도미니크는 사소한 어려움 앞에서도 무기력했으며 다른 사람들과의 관계의 복잡성을 전혀 이해하지 못했다. 그 아이의 삶은 반복적이고 단조롭고 아무 환상이 없는 생활로 요약될 수 있었고, 창의성은 전혀 개발되지 않았다. 그리고 거역한다는 것은 아예 생각조차 해본 일이 없었다. 그 아이에게서 저항하려는 의사는 전혀 느낄 수 없었고 위반하려는 뜻은 더욱 찾아볼 수 없었다. 왜냐하면 위반은 대담함 외에도 상상력, 그리고 호기심을 느끼고 나아가 금지된 행동으로 뛰어들 수 있는 능력을 요구하기 때문이다.

모든 것, 다른 사람들, 특히 자기 자신으로부터 차단된 도미니크는 가장 기본적인 내적 안전을 확립하지 못했고 오직 의존만을 경험했다. 역설적이게도 그 아이는 지나친 보호를 받으면서도 정작 자신을 보호해 줄 것은 갖지 못했다.

그래서 이런 일도 벌어졌다. 시골 할아버지 댁에 머물던 도미니크는 그곳을 떠날 순간이 되자 엄마가 시킨 대로 하겠다고 우겼다. 그것은 출발할 때 입었던 것과 같은 옷을 입는 것이었다. 집에 갔을 때 어머니가 자신을 알아보지 못할 거라 확신했고 그것이 두려웠던 것이다!
그런 설명이 아이의 허약한 정체성을 드러낸다는 것은 쉽게 상상할 수
있는 일이다. 사실 도미니크는 한 가지 어려운 임무를 띠고 있었다.
자신보다 먼저 태어나 영원히 미화된 죽은 아이와 자신을 무의식 속
에서 혼동하는 어머니의 눈에 그녀 자신으로 존재하는 것이 그것이었
다. 도미니크는 어떤 곤경에 처해 있었으니 대리아, 즉 누군가를 대신
하는 아이라는 것이 그것이었다. 사실 도미니크는 죽은 아기와 동일
시되고 있었다.

도미니크가 내면화한 것은 바로 어머니가 딸에게 행한 이런 투사였
고, 그것이 아이로 하여금 자기 자신이 되지 못하고 살아 있는 존재가
되기를 스스로 금할 정도에 이른 것이었다. 아이는 어떤 주체적인 능
력도 없었고, 그런 가족 상황에서 그녀로 인해 놀이에 대한 질문이 제
기된 적도 없었다. 아이는 놀이를 접해 본 적이 거의 없었다.

게다가 놀이를 하려면 어머니는 아이의 자발적 창조가 일어날 수
있는 자유 공간을 아이에게 남겨 놓아야 한다. 폴 클로드 라카미에에
따르면 어머니라면 자녀가 자기 대신 살기보다 스스로 살아가도록 돕
기를 원할 것이고, 그런 어머니가 존중해야 할 것이 이 자유 공간이
라고 한다.[13]

---

13) 제라르 벨, 《이 시대의 정신분석가 폴 클로드 라카미에 *Paul-Calude Racamier, psychanalyste d'aujourd'hui*》, PUF 출판사, 1997년.

자율성 체험에서 놀이의 중요성

아이가 미숙함이나 어른에 대한 의존성에서 오는 한계를 극복할 수 있는 분야가 있다면 놀이가 바로 그것이다. 놀이 속에서 아이는 위험성 없이 자기 자신에게만 의존할 수 있다. 아이가 연출하는 환상과 욕망의 자유로운 구성은 자유에 대한 느낌을 발견하는 데에서 오는 환희를 불러일으킨다. 아이는 물론 허망하고 일시적인 것이지만 어떤 자율성을 발견하고, 이러한 경험은 그에게 언젠가 자기 삶의 주인이 될 수 있다는 가능성을 예감하게 해준다. 아이가 놀이를 다시 시작하고 끊임없이 개선하는 것은 '자기 자신'을 지속적으로 '재창조'하기에 적합한 공간을 창조하기 위해서이다.

아이에게 놀이는 평온함과 만족감을 제공하는 마르지 않는 샘이다. 새로운 주체적 행동들은 자신의 자유 공간을 통제하고자 하는 마음을 점점 더 크게 만드는 동기를 부여한다. 천부적인 창의성을 지닌 아이는 자신의 창조성과 인내심을 끊임없이 재작동시켜 장애물을 극복하는 내용의 시나리오를 쓴다. 그 시나리오를 연출한 아이는 자신이 작성한 모든 것을 다른 방법으로 재사용한다. 각각의 새로운 상황은 다르게 이해되고 이전의 경험들이 남긴 흔적들 덕에 자신의 해결책을 찾게 된다.

"노는 것은 삶을 배우는 것이다. 그것은 혼자일 때나 다른 사람들과 함께일 때나 똑같이 잘사는 법을 배우는 것이다." 프랑수아즈 돌토는 그렇게 단정했다. 놀이는 미래의 자율성을 경험하는 것이다. 그것은 고독한 순간에 '자기 자신으로 충분하게' 해주고 집단 속에서 '자기 자신을 잃지 않는' 법을 가르쳐 준다.

맨처음 아이는 어머니와 함께 놀이를 배운다. 그 다음엔 어머니의 부재와 거기서 느끼는 실망감 때문에——그보다는 덕분이라고 하는 편이 낫겠다——아이는 '어머니의 존재에 대한 환상을 만들어 낸다.' 아이의 최초의 놀이는 현실적으로 어머니를 나타나게 만들 수 없는 자신의 무능함을 견디기 위해 아이 자신이 만들어 낸다. 이런 환상 능력은 생각의 자율성을 향해 결정적인 한 걸음을 걷게 해주고, 생각의 자율성은 아이로 하여금 타인과 대면해서도 혼자 있을 수 있는 능력을 갖게 해준다.

이때 어머니가 지나치게 '모든 걸 충족시켜 주지' 말고 아이의 어떤 것들은 그냥 지나치는 게 중요하다. 아이에게 필요한 모든 것을 미리 준비하고 아이의 모든 욕망을 충족시켜 줌으로써 '적대적인' 세상의 위험들로부터 자식을 보호하는 성가시고 독점욕 강한 어머니는 아이에게 욕구불만을 경험할 기회를 주지 않는다. 그런데 그 욕구불만은 그것을 보상해 주는 환상들로 대체할 수 있다. 아이는 어머니가 남겨 준 자유로운 정신적 공간 속에서 스스로 놀이를 만들고 창조적 자율성을 경험할 수 있다.

도미니크에게 허락된 유일한 자리는 어머니의 연장이 되는 것이었다. 그리고 그 어머니는 딸의 모든 잠재적 욕망을 빼앗았다. 도미니크는 어떤 개인적인 욕망도 표현하지 못했을 뿐 아니라 자신이 욕망을 가질 수 있다고 생각할 수 있는 능력마저 획득하지 못했다. 도미니크의 어머니는 세상에서 가장 좋은 의도를 가지고 딸의 '날개를 잘라 버린' 셈이다.

모든 부모는 자녀의 생존 능력을 믿어야 한다. 그 믿음 속에 담긴 메시지는 이렇게 요약될 수 있을 것이다. "두려워하지 마라." 이는 프랑수아즈 돌토의 메시지를 본뜬 것이기도 하다.

태어날 때부터 '모든 게 위험하다'는 치명적인 생각에 젖은 도미니크는 거기에 해당하지 않았다. 그러한 생각은 아이의 모든 욕망을 억눌렀다. 그런데 욕망은 독립된 자아를 실현하고 삶에 대한 애착을 불러일으키는 데 가장 중요한 것이다.

하지만 유감스럽게도 이런 실현은 쉽게 이루어질 일이 아니었다. 그토록 어머니의 투사의 영향은 컸던 것이다. 이 아이가 자신의 인생을 볼모로 잡을 수 있는 것으로부터 벗어나게 하려면 우선 어머니가 아이를 포기하면서도 죄책감을 느끼지 않도록 유도해야 했다. 왜냐하면 그녀는 자신의 행동이 옳다고 믿었을 것이기 때문이다. 첫째아이를 여의었을 때 그녀가 겪어야만 했던 슬픔을 고려하면 그녀에게는 다른 선택의 여지가 없었을지 모른다. 이런 관점에서, 그리고 예방 차원에서 당시 그녀가 그 고통스러운 슬픔을 극복하고, 그래서 그 일이 장차 태어날 아이들을 짓누르는 결과가 나타나지 않도록 정신과 의사의 도움을 받지 못한 것은 매우 유감스러운 일이다.

나는 아버지가 융합된 모녀 사이를 떼어 놓고 그들이 서로에게서 벗어나도록 돕는 데 총력을 기울여 주기를 기대했다. 사실 아버지의 중요한 역할은 결코 과소평가되어서는 안 되며 오히려 항상 격려되어야 한다. 아버지의 본분은 가정과 사회를 연결하고, 아이로 하여금 어린이와 연관된 직업들의 여성화에 의해 강화되는 모계 교육의 영향에서 벗어나게 해주는 데 있다. 게다가 개중에는 아버지와 접촉하는 경우가 매우 드문 아이들도 있고, 미혼모와 살면서 현실적으로 남성을 만날 기회가 거의 없고 오히려 어머니 옆에 남겨진 빈자리를 스스로 채우는 아이들도 있다. 그런 아이들은 성의 차이를 존중하면서 자신의 정체성을 찾는 데 필요한 남성적 기준과 영향력 있는 인물들을 갖지 못하게 된다. 그들이 계속 아버지의 대리자를 찾지 못할 경우 우리 사회의 이런 특징적 상황은 그들의 정서적 심리 과정의 발달과 정체성 구축에 매우 해로운 결과를 가져올 수 있다.

4

주문받은 자율성

아이들은 맡은 일을 다 하고 중요한 책임을 완수하는 데 특별한 능력을 보일 수 있다. 그러다가 때로는 어른들의 감탄을 사기도 하는데, 그때 어른들은 아직 인도받아야 할 나이에 인도해야 한다는 사실이 그들에게 고통스러울 수 있다는 것은 헤아리지 않는다.

너무 일찍 부과된 책임

관례적으로 탁아 기관을 방문 봉사할 때 일이다. 한번은 내가 도착하기 무섭게 유아반 담당 교사가 급히 할 말이 있다고 했다. 그녀는 전날 밤 꾼 꿈 때문에 큰 충격을 받았다고 했다. 꿈속에서 그녀는 방금 자기 반 아이들과 함께 만든 크리스마스 화환을 가지고 아이들의 목을 졸랐다는 것이다.

비록 꿈에서였지만 그런 행동을 떠올릴 수 있다는 사실이 그녀를 충격에 빠뜨렸고, 더 이상 아이들을 돌볼 수 없을 것 같은 느낌이 든 그녀는 직업을 바꿀 것을 고려하고 있었다. 그런데 한 가지 질문이 그녀를 괴롭혔다. '나는 좋아서 이 직업을 선택했고 한 번도 다른 일을 생각해 본 적이 없는데, 왜 그런 공격적인 느낌을 갖게 되었을까?'

나는 그녀의 격심한 고통과 그로 인해 발생할 수 있는 좌절의 위험성을 재빨리 평가했다. 게다가 부모들이나 동료들이 이구동성으로 말하는 유능함을 가지고 담당하고 있는 반의 아이들이 그녀 꿈의 치명적인 공격 목표가 되는 일은 결코 일어나지 않을 것 같았다. 그래서 그녀를 짓누르는 죄책감을 덜어 주기 위해 그 꿈의 의미를 푸는 것을 도와주겠다고 제안하자 그녀는 안심하면서 곧 자신의 불안을 가라앉혔다.

사실 이 아가씨는 여섯 남매의 첫째였다. 오직 임신했을 때만 일시적으로 중단되는 만성적 우울증을 앓던 어머니는 그녀를 아주 이른 나이 때부터(그녀가 기억하기론 여섯 살 때부터) 동생들을 돌보는 데 동원해야 했다. 따라서 그녀의 어린 시절은 무거운 책임을 감당해야 하는 것으로 귀착되었다. 그녀는 유년 시절의 기억과 이 강박적 꿈을 자연스럽게 결합시키면서 아이들에 대한 자신의 공격적 행위에 숨겨진 의미를 발견하고 놀라워했다. 왜냐하면 이 행위를 자신의 힘들었던 지나간 유년기 상황 속에 다시 놓고 보면 다른 식으로 이해될 수 있었기 때문이다. 자신이 책임진 어린 동생들을 대면했을 때 느낀 상반된, 그러나 정당한 두 가지 감정을 표현할 수 없었던 그녀는 지금까지 그 감정을 억압해 왔다. 그동안 아무도 의심해 오지 않던 그녀 안에 내재된 폭력성을 꿈이 드러낼 때까지.

자신이 보조자와 대리자가 돼주어야 했던 연약한 어머니 앞에서 너무 죄의식을 느끼게 하는 감정이었기에 억눌린 폭력성이었다. 하지만 그것은 선택에 의한 것이 아니라 필요성에 의한 것이었다. 그녀로 하여금 지나간 유년기의 고통을 의식할 수 있게 해준 것은 어린이집 아이들에게 투사된 동생들을 향한 무의식적 공격성의 전위였다.

우리가 인생을 선택하거나 직업을 선택하는 것이 억압된 과거의 사건들 또는 윗세대로부터 계승된 해결되지 않은 가족 문제와 관련이 있는 경우가 흔하다. 또한 옛날부터 자기 책임이었던 아이들을 돌보고 싶은 욕망은 그녀의 형제자매들에 대한 무의식적인 부정적 감정을 바로잡을 수 있는 방법으로 이해될 수 있었다.

결국 그녀의 혼란은 이 즉흥적이고 비정형적인 상담으로 진정되었고, 나는 그녀가 이제 막 발견한 뜻밖의 폭력성에서 벗어나기 위해 심리치료 과정을 밟아 볼 것을 권했다.

우리는 여기서 유년기 고유의 미숙한 상태에서 아이에게 주어지는 과도한 책임이 얼마나 큰 고통을 낳을 수 있는지를 보았다. 무의식 속으로 밀려난 이런 흔적들은 사건들이 일어나고 긴 시간이 흐른 뒤 전혀 예측할 수 없는 형태로 표현될 수 있다. 그녀의 꿈도 그 한 예이다. 대개 모든 아이들이 주변의 요구를 순순히 따르는 것은 자신이 의존하고 자신을 돌봐 주는 어른들의 사랑을 유지하고픈 희망 때문이 아니겠는가? 이 젊은 여성도 그것을 분명히 확인해 주고 있다.

"사실 나는 어머니를 보호하기 위해 아주 어릴 때부터 어른들처럼 무거운 책임을 져왔어요. 그러면서도 다른 사춘기 아이들처럼 반항하거나 거역해 본 적이 한 번도 없었어요. 아이들을 상대하는 직업을 택

함으로써 나 자신의 어린 시절을 되찾고 싶었나 봐요.”

아마도 그녀가 선택한 직업은 자신이 너무나도 잘 알 수밖에 없는 어떤 역할을 계속하게 해주었을 것이다. 그것은 ‘자신보다 약한 다른 사람들을 돌보는 사람’으로 남는 것이었다.

나는 덧붙였다.

“어쩌면 당신은 지나치게 혹사당한 자신의 유년기를 다시 한 번 검토함으로써 **유년기란 무엇인가?**라는 문제에 대한 해답을 발견하고 싶었던 건지도 몰라요.”

나아가 나는 꿈의 부정적 충격을 가능한 한 긍정적으로 보는 것도 빼놓지 않았다.

“꿈은 지금껏 당신을 혼란스럽게 만들고 미결 상태로 남아 있던 모든 것을 마침내 풀 수 있는 뜻밖의 기회를 줬어요.”

아주 어릴 때부터 어른이 할 일을 떠맡으면서 구축해 온 그녀의 거짓 성숙함은 유년기의 권리를 희생하면서까지 자신을 가정 상황에 맞추게 했다. 이는 위니코트가 지적한 바와 정확히 일치했다. “이런 아동은 일찍 늙을 것이다. 그는 자발성, 놀 수 있는 능력, 모든 구속에서 자유로운 창조적 충동을 상실하고 **남들이 기대는 사람**이 될 것이다.”[14]

가짜 자아와 부모 되기

자율성이라는 개념은 아동 해방을 가장하여 ‘필연적 자율성’이라는

---

14) 도널드 W. 위니코트, 《놀이와 현실》, 갈리마르 출판사, 1975년.

형태로 이것에 박차를 가하는 것이 좋다고 판단한 현대 사회에 의해 변질되었다.

아이는 자기 자신의 욕망에서 나오는 자율성의 점진적 획득 체험을 포기하고 이 성급한 요구에 복종한다. 그러기 위해 아이는 부모의 기대에 부응하는 '가짜 나'를 배치하여 부모의 조급함을 충족시키고, 그들의 특성을 저지하고 그들을 압도하는 부담을 덜어 준다.

이 '허울뿐인 존재'는 때로 아이를 때 이르게 스스로 책임져야 하는 상황에 처하게도 한다. 그리고 필요한 경우 스스로 '부모의 역할을 맡아' 무책임하거나 철없는 부모를 부양할 수도 있다.

이와 같은 예로 인생의 모든 분야에서 불이익을 주는 자신감의 결여 문제로 치료를 청한 한 젊은 여성의 이야기를 소개하겠다.

그녀는 1969년생으로 그녀의 부모는 우발적인 임신 소식에 결혼을 결정한 나이 어린 68세대 젊은이들이었다. 게다가 곧 둘째딸이 태어났기 때문에 아니는 부모에게 기댈 수 없다는 것을 매우 빨리 깨달았다. 그녀의 묘사에 따르면 철없는 어머니는 바람기 있는 어린 남편이 돌아오기를 기다리는 것으로 하루를 보냈고, 큰딸에게는 입만 열었다 하면 남편이 자기를 등한시하는 것에 대한 불평을 늘어놓으면서 위로를 요구해 왔다.

"어머니는 자기 이야기밖에 할 줄 몰랐어요. 우리는 잊혀진 존재였죠. 그녀는 자기 자신에게는 충실했지만 우리를 위해서는 존재하지 않았어요. 우리는 우리끼리 알아서 살아야 했죠. 아홉 살, 열 살이 됐을 때에는 가족에게 필요한 양식을 사와야 할 때도 종종 있었어요. 우리는 신용카드까지 갖고 있었지만 신기하게도 어리석은 짓은 결코 하지 않았어요. 조금 뒤 청소년기 때에는 친구들한테 과시하기 위해 어머니의 옷, 털코트를 빌려 입곤 했죠. 어머니를 닮았다는 환상을 간직하고 친구들로부터 부러움을 사기 위해 그랬던 것 같아요. 나는 정상적인 어린 시절을 보낸 것 같지 않아요. 그래서 나는 그럴 때도 아닌데 이제 와서 다른 사람들에 비해 항상 조금씩 덜 떨어진 소녀처럼 행동하고 있지 않은지 자문하고 있어요. 나는 인생의 통상적 단계들을 밟지 못했어요. 지나친 책임 때문에 그것들이 너무 일찍 무너져 버렸기 때문이죠. 그렇게 많은 짐을 졌지만 진정한 어른이 되지 못했고, 다른 아이들처럼 아무 근심 없는 시간들을 누릴 권리가 없었던 그 단계에 정지되어 있어요. 나는 내키지 않은 상태에서 그것을 포기해야 했지만 그에 대한 미련은 결코 줄어들지 않았어요."

자주 우울증을 앓는 허약한 어머니의 친구 노릇을 한 아니는 외롭고 슬펐으며 또래 아이들과는 사귀지 못하는 위축된 아이였다. 반대로 그녀의 동생은 명랑했다. 아니가 어머니의 보호자 역할을 맡았다는 사실이 그녀를 자유롭게 했던 것이다.

"부모가 젊은 것은 좋은 일이지만 부모 역할을 제대로 하지 못한다면 그런 부모는 아무짝에도 쓸모가 없어요. 게다가 아버지는 항상 집에 없었기 때문에 내게는 남성의 기준이 될 만한 사람이 없었어요. 나는 여성스럽지 않은 여성인 것 같지만 그래도 인정받고 사랑받고 싶어요. 하지만 내게는 아무 권리도 없는 것 같아요. 나는 어머니의 사랑과 아버지의 관심을 너무나 기다렸지만 모두 헛수고였어요. 우리는 두 사람의 부속품일 뿐이었어요."

그런 점에서 아니는 자신이 어릴 때 관심과 안전을 베풀어 주는 부모에게 기댈 수 없었다는 사실이 성인으로서의 삶을 결정했다고 단언했다. 지나치게 일찍 맡겨진 과도한 책임이 유년기의 정당한 희망을 자신의 것이 아닌 현실과 맞바꿀 것을 강요했다는 것이다.

아니는 이렇게 결론 내렸다.

"나는 유년기도 청소년기도 누리지 못한 채 곧장 어른의 책임 속으로 내몰렸죠. 내 곁에 있던 사람들은 줄 것은 아무것도 없으면서 모든 걸 기대하기만 하는 사람들뿐이었죠. 마치 아이들이 어머니로부터 기대하는 것처럼 말이에요. 그래서 나는 오래전부터 내게 주어진 그 역할을 계속 맡아 왔어요. 내 주변엔 극단적인 본보기들밖에 없었어요. 나는 때 이르게 어머니가 됐고 지금은 때 늦게 아이가 됐죠. 서른 살이 된 지금까지도 나는 완전한 권리를 가진 여성의 역할이 어떤 것인지 모르겠어요."

그후로 그녀가 아는 유일한 역할, 즉 모든 절망적인 상황에서의 한결같은 보호자 역할 속에 고정된 아니는 다른 사람에 대한 관계 형태로서 이타적 헌신밖에 찾지 못하고 있었다.

"나는 사람들에게서 아무것도 기대하지 않고 나를 위해 아무것도 요구하지 못해요. 왜냐하면 내 삶의 목표가 그들의 필요를 충족시키는 것이고 다른 식으로는 생각할 수 없기 때문이죠."

아니는 한 번도 자기 자신의 욕망을 확인하거나 표현할 수 없었고, 유년기 때부터 강요된 자율성은 그녀를 막다른 골목에 몰아넣었으니 타인의 욕망에 자신을 복종시키는 종속이 그것이었다. 그것은 진정한 자율성과는 정반대되는 개념이었다. 사실 아이에게 한 단계를 건너뛰게 하면 훗날 그 아이는 반드시 그리운 그 시기를 만회할 필요성과 대면하게 된다.

그리고 이것은 그만큼, 나아가 가장 먼저 우리가 그 미숙함을 인정하고 수용해 줘야 하는 청소년들과 관계된 일이다. 다시 한번 D. W.

위니코트의 말을 인용하자면 "미숙함에는 한 가지 치료법밖에 없으니 시간의 흐름이 그것이다."

'보호받는 유년기'를 보내는 것은 훗날 어른이 됐을 때를 위한 정신적 균형의 담보물이며 고갈되지 않는 자원이다.

자율성을 강압적으로 조장할 때 생길 수 있는 폐해들

최근 자신의 고립 상태에서 빠져나오기 위해 실시한 정신분석 작업 도중 클레망은 자신이 물에 빠져 죽는 매우 불안한 꿈에 대한 오래된 기억을 얘기하다가 우연히 유년기의 한 장면을 기억해 냈다.

"내가 세 살 좀 넘었을 때였어요. 우리 가족, 그러니까 부모님, 남동생, 나는 호숫가에서 휴가를 보내고 있었어요. 군인이었던 아버지는 자식들이 겁쟁이가 아닌, 어떤 상황이든 맞서 싸울 수 있는 대담한 아이들이 될 것을 요구했죠. 어느 날 우리가 보트를 타고 있을 때 아버지는 나더러 호수 속으로 뛰어들라고 명령했어요. 나는 어머니에게 매달렸고 어머니가 아버지를 말렸지만 소용없었어요. '헤엄쳐!' 아버지가 소리쳤어요. 나는 수영의 몇 가지 기초는 배운 상태였지만 그렇게 어둡고 넓은 곳 한가운데에 나 혼자 있다는 게 겁났어요. 물 밖으로 머리를 내밀려고 안간힘을 쓰는 내 앞에서 어머니는 비명을 지르고 아버지는 만족한 미소를 보이던 게 기억나요. 내가 너무나 겁을 먹으니까 결국 아버지가 와서 나를 꺼내 주었지만 그뒤 예상대로 비웃음이 이어졌죠. 그후로 오랫동안 나는 물에 빠지는 똑같은 악몽을 꿔 왔어요. 아버지는 이제 겨우 세 살밖에 안 된 아이에게 그토록 가혹한 시련을 강요하면서 아무런 안전도 보장해 주지 않았어요. 나는 아버지가 시키는 대로 했지만 나 자신밖에 믿지 않기 위해 냉혹한 인간이 됐죠. 난 불평하기를 포기했어요. 그날 이후로 나는 어떤 어른도 믿지 못하게 된 것 같아요."

이 엄격하고 냉정한 아버지는 아들의 모든 감정적 가능성에 빗장을 지른 게 확실했다. 물론 아이는 이 충격적인 사건을 극복하기를 포기하고 아버지의 교육적 주장, 즉 가장 빨리 자립적인 인간이 되는 것을 받아들이기로 했다. 하지만 그것은 관계 속에 개입할 수 있는 능력을 희생시키고 그 대가로 세워진 고독한 자립이었다. 왜냐하면 모든 관계는 환멸의 원인이 될 수 있으며 최악의 경우 고통을 야기할 수 있는데, 이 아이로 말하면 이제 그런 것에 노출된다는 것은 상상도 할 수 없는 일이었기 때문이다.

그는 적대적으로 체험된 환경과 결부된 불안을 일찍 경험한 탓에 효과적인 방어 기제를 만들어 내기는 했으나 그것은 다른 사람들과의 접촉 속에서 마음의 평화를 찾을 수 있는 희망을 포기한 대가였다.

그는 명백한 무감수성 상태로, 자신의 감정은 전혀 드러내지 않으면서 살고 있었다. 그에게 모든 감정은 약함의 동의어였다. 그는 되는 대로 처신하는 것을 스스로 절대 용납 못하는 '감정의 장애인'이 됐다. 고통을 두려워하는 마음이 너무나 컸기 때문이다. "너무 감정을 억제하다 보니 결국 느끼는 것 자체를 거부하게 됐어요."

그 결과 그의 소통 능력은 직장 생활이 요구하는 최소한도로 제한되었다. 스스로 난공불락의 요새가 된 뒤 다른 사람들의 행위로 고통당하는 일은 더 이상 없었지만 자신이 얼마나 심각하게 고립된 상태인가를 정확히 평가하고 있었다. 그는 정신분석을 통해 불행했던 유

년기의 미로 속에서 타인과의 교류 형태를 되찾고 싶어했고 그런 노력
은 그를 사려 깊고 순종적인 어머니에게 돌려보냈다. 왜냐하면 그는
그런 메마른 삶은 더 이상 살 가치가 없다는 것을 날카롭게 인식하고
있었기 때문이다. "나와 다른 사람들에 대한 신뢰를 어떻게 회복할 수
있을까? 너무 늦은 건 아닐까?"

우리는 그 자신이 어릴 때 체험한 부분과 결핍된 부분을 재구성해야
했다. '완전히 잃어버린' 유년기와 함께 호수 바닥에 침몰시킨 그것을.

클레망에게 요구된 그런 맹목적 복종——호수에서의 사건은 다른
많은 일화들 중 하나일 뿐이었다——이 자신의 개성을 주장하거나
좋아하는 것을 스스로 선택하면서 꿈을 펼치는 것을 허락하지 않은 것
으로 추정된다. 아버지가 선택한 교육적 방법은 그 어떤 반대도 용납
하지 못하는 아버지의 명령에 복종하게 만드는 '지배력의 남용'에 기
대고 있었는데 그것은 아이들을 전혀 보호하지 못했다.

클레망은 그 호수 사건에서 아버지가 자신의 몸도, 미숙함도 고려
하지 않았다는 확신을 얻었다. 그리고 더 이상 타인의 의지에 맹목적
으로 복종하는 위험한 짓을 하지 않기 위해 모든 관계를 포기했다.

하지만 역설적이게도 이 '공격적인 아버지'가 타인을 대하는 태도
를 내면화함으로써 결국 아버지와 동일한 유형의 인간이 된 그는 아
버지가 사용하고 남용한 강제적 방법을 자신에게 사용함으로써 모든
감정의 시작을 원천적으로 봉쇄했다.

모든 아이들은 어른의 의지에 오랫동안 복종하다가 점차 종속에서
벗어난다. 아이에게 지속적으로 제기되는 유일한 문제는 '안전' 혹은
'불안전'의 정도와 관련된 것으로, 아이는 자신의 환경 속에서 그것
을 즉시 헤아려야 한다. 지나친 안전은 지나친 불안전과 마찬가지로

세상을 탐색하려는 아이의 의도를 마비시키는 결과를 낳을 수 있다. 부모의 주된 역할은 안심할 수 있는 세상을 만들어 주는 데 있으며, 그래야 부모로부터 독립할 수 있는 점진적 능력이 보존될 수 있다.

프랑수아즈 돌토는 "첫번째 교육은 한계를 정하는 것인데 그것이 중요한 것은 아이의 개성, 삶의 방식을 설계할 것이기 때문이다"라고 강조했다. 따라서 아이가 유년기 때 어느 정도의 불복종을 용납해 주지 않으면(클레망 아버지의 엄격한 태도가 보여준 것처럼) 아이의 당연한 요구는 모든 욕망에 대한 포기로 변화하거나 반대로 훗날, 청소년기가 됐을 때 위반 욕망으로 변화하게 되어 문제를 야기할 수 있다.

우리는 클레망 자신의 변화에 대한 강렬한 욕구에 기대를 걸었다. 그것은 그가 항상 자기 안에 보호하고 있던 어린 소년의 고통을 극복하는 데 없어서는 안 될 요소였다. 그 소년은 지나친 불신 때문에 다른 사람들에게 가는 것을 방해받았는데, 그가 당한 일을 생각할 때 그 불신은 당연한 것이었다.

반항하는 아이

여덟 살 된 아이에게 이제 철들 때가 됐다는 핑계로 일상 생활의 제약들이 있을 때 함께 고민해 주기를 거절하는 것이 반드시 아이 자신에게 커다란 기득권이 되는 것은 아니다. 아이는 그것을 부모의 무관심으로 받아들일 우려가 있다.

세자르의 경우도 그러했다. 세자르는 사형제 중 셋째로 화를 잘 내는 행동 양상을 보였는데 그것은 평소 모든 사람이 인정하고 흡족해하는 그 아이의 성숙한 모습과는 거리가 먼 것이었다. 세자르는 학교에서는 인기 많고 성적도 매우 우수하고, 집에서도 가족 토론에 자주 참여하며 수준 높은 유머를 구사하는 아이였다. 하지만 뭔가가 그를 불쾌하게 하면 자제력을 잃고 충동적 폭력성을 보이다가 토라져서 여간해서는 풀지 않았다.

아무것도 소용없었으며 자기 방에 틀어박혀서 적대 행위를 중단하라는 모든 제안을 거부하는 게 그래도 그 중 제일 나은 경우였다. 그럴 때 그 아이는 모든 것이 명백하게 '다른 사람들,' 즉 부모나 형제자매의 잘못 때문이라고 주장했다.

세자르의 부모는 아이들을 아주 일찍부터 '스스로 책임지게' 하는 것을 교육적 당면 과제로 여겼고, 거기서 어느 정도 만족감을 얻고 있었다. 그래서 아이들은 유치원 때부터 혼자 유치원 가고 스스로 아침 먹고 옷 입고 씻고, 그리고 정해진 시간에 혼자 자야 했다. 이것은 모든 부모가 꿈꾸는 것이 아니던가!

세자르는 이 규칙을 어김없이 따랐고 형제들 중 누구도 이 규칙에 반박할 생각을 하지 못했다.

직장일로 매우 바빴던 부모는 아이들 얼굴을 거의 보지 못한다고 고백했지만 아이들을 대단히 신뢰하고 있었기 때문에 별반 걱정이 없었다.

하지만 내가 세자르를 따로 만나 보니 그 아이의 관점에는 미묘한 차이가 있었다.

내가 물었다.

"너는 네가 처한 상황을 어떻게 생각하니?"

"엄마 아빠는 일 때문에 너무 바빠서 자주 못 봐요. 두 분은 피곤하

시기 때문에 일요일 아침에도 우리더러 알아서 다 하라고 말씀하세요. 왜냐하면 우리는 다 할 줄 아니까요. 그런 게 처음에는 재미있었어요. 하지만 지금 나는 두 분이 나를 좀더 많이 돌봐 주셨으면 좋겠어요. 형도 좋지만 형이 부모를 대신해 주지는 못해요. 특히 형은 부풀려서 말하고 우리한테 명령하니까요."

세자르의 형은 열두 살이었는데, 나는 그가 자신에게 돌아오는 책임들에 대해 어떻게 느낄지 걱정되었다.

세자르가 다시 입을 열었다.

"부모님은 한 번도 집에서 벌어지는 일을 지켜본 적이 없어요. 중요한 것은 오직 하나, 성적표지만 우리는 한 번도 만족스러운 성적을 거둬본 적이 없죠."

"그렇다면 부모님이 집에 계실 때 너는 부모님께 잘 보이고 부모님의 관심을 얻기 위해 행동하니?"

"그런지 아닌지는 잘 모르겠지만 가끔씩 나는 무척 화가 나고 진정이 안 돼요."

"그리고 그럴 때 너는 너 자신이 매우 불행하게 느껴지지만 그걸 어떻게 표현해야 할지, 어떻게 해야 그런 상태에서 빠져나올 수 있는지 잘 모르겠니?"

"네. 그 말이 맞는 것 같아요." "좋아, 그럼 이렇게 하면 어떻겠니? 부모님께 네가 화내는 진짜 이유를 말씀드리는 것을 내가 도와주면 상황이 바뀔 수 있지 않을까? 부모님이 네게 사람들의 이해를 돕는 직업을 가진 나 같은 사람을 만나 보자고 제안하신 것은 뭐가 잘못된 건지 알고 싶으셔서일 거야. 네가 느끼는 것을 분노로 표현하는 대신 적절한 표현을 찾아 설명할 수 있도록 노력해 보자꾸나."

세자르는 나의 제안에 동의했다. 그것이 자신의 과중한 부담을 덜어 줄 수 있을 거라고 생각한 모양이었다.

많은 아이들은 행동 장애나 학교 성적 저하, 또는 이와는 전혀 다르지만 조금씩 걱정을 끼치다가 어느 날 갑자기 가족이나 교사들을 총동원시키는 어떤 증상을 보임으로써 부모의 손에 이끌려 상담실에 온다. 그럴 때 우리 전문가들은 아이가 보내는 메시지를 정확히 해석해서 그 의미가 어른들에게 이해될 수 있게 하고 그들이 변화를 추구할 수 있도록 도와야 한다.

이 경우 물론 훌륭한 교육적 신념을 갖고 있었던 세자르의 부모님은 '스스로 책임지기'라는 의무가 자식들에게 얼마나 지속적인 노력을 요구하는지를 확인하지 않았다. 그래서 정도의 차이는 있지만 모든 형제자매들이 더 이상 참을 수 없다고 느끼던 것을 이 소년은 자기 방식대로 표현한 것이었다. 그는 하찮은 동기에서 이 감정을 반복적인 사건들 속에 투사했지만 사실 원인은 다른 데 있었다.

사실 세자르는 무거운 짐을 혼자 지고 있었고, 그 증상으로 전반적인 불만을 나타내고 있었지만 부모의 요구에 대한 지나친 적응으로 그것이 은폐되어 있었던 것이다. 왜냐하면 아이들은 어떤 의미에서는 방치된 상태였고, 그로 인해 형제들간의 갈등은 악화됐는데 이때 반드시 필요한 중재자인 부모라는 존재가 그들에게는 없었기 때문이다.

확실히 세자르는 이 상황을 다른 형제들보다 강도 높게 겪고 있었지만 가족들 중 한 사람이 어떤 변화를 가져오기 위해 힘든 공동 체험을 자기 방식대로 증언하는 가정들에서 이런 현상은 흔히 볼 수 있다. 부모는 자녀들에게 부모의 안전한 울타리 밖에서 스스로를 통제하고 자기 문제를 헤쳐 나가야 한다는 것을 너무 일찍부터 주입시킨 모양이었다. 그렇게 함으로써 부모는 자신들의 책임을 일종의 '주문에 의한 자율성' 형태로 아이들 자신에게 위임했는데 이것은 사실 조건화와 유사한 것이었다. 아이들이라면 당연히 기대할 권리가 있는 정서적 안전에 대한 욕구를 충족시키지 못한 세자르는 분노를 폭발시키는 것으로 자신의 고통을 표현하기에 이르렀다. 따라서 그의 성격장애적 행동은 우울증 위험에 대한 방어적 태도로 해석될 수 있었다.

초자아

때 이른 자율화 문제로 다시 돌아와, 우리는 초자아의 심급(審級)에 대해 좀더 의논해야 한다. 초자아는 사회 생활 전체를 결정하는 것으로서, 가정 또는 모든 개인이 동화해야 할 집단들로 이루어지는 작은 사회와 관계 있다.

사회 생활은 우리에게 적응을 강요하는데 이것을 보증하는 것이 초자아이다. 이것은 필연적으로 타자, 다른 사람들의 존재를 고려하고 우리의 본능과 욕망을 끊임없이 통제할 것을 요구한다. 반대로 초자아가 없다는 것은 사회화에 따르는 제약들을 받아들이기가 다소 비정상적으로 불가능하다는 것을 의미한다. 그런데 지그문트 프로이트에 따르면 "초자아는 부모와 교육자들이 행사한 영향력으로부터 나오며 그것을 계승하고 대표한다."[15]

---

15) 지그문트 프로이트, 《신정신분석 강의 *Nouvelles Conférences sur la psychanalyse*》, 갈리마르 출판사, 1984년.

아이는 세 살부터 '어른들이 공언한 금지 사항들'[16]을 조금씩 내면화하면서 '윤리 의식(…), 감시하고 비판하고 금지하는 심급(…)'이라 부르는 것을 위임받은 초자아를 확립한다. "그것은 불쾌감을 피할 수 없지만 부수적으로 약간의 쾌감, 일종의 보상적 만족을 약속한다."

그런데 아이에게 주어지는 규칙이나 한계가 없는 교육이란 존재하지 않는다고 가정할 때 어느 정도의 반대 없는 자율성 획득은 없음을 인정해야 한다. 사실 모든 아이는 어른의 압력에 저항하고 나아가 난관을 헤쳐나가기에 충분한 자신감과 심리적 안정을 확보해야 한다.

세자르는 의심스러운 부모의 요구에 대한 무조건적 복종에 자기 방식대로 문제를 제기한 것이었다. 이 이야기는 명령들에 대한 재검토 없는 맹목적 복종은 어떤 이들을 가장 비극적 소외로 이끌 수 있음을 우리에게 가르쳐 주고 있다.

---

16) 알랭 바니에, 《정신분석 입문 개념 *Éléments d'introduction à la psychanalyse*》, 나탕 위니베르시테 출판부, 1996년.

5

때 이른 자율성과 소마티자시옹[17]

"여러 가지 질병의 본질을 검사해 보면 그 병들이
영혼의 고통과 열정에서 비롯되었음을 알게 될 것
이다."

라 로슈푸코

아이들 중에는 때 이른 자율성의 필요성이 안겨 준 불안의 표현을 훗날로 미루고 받아들이는 아이들이 있는가 하면, 신체 언어로 자신의 불만을 표현하는 아이들도 있다. 사실 이것은 어린이들만이 누릴 수 있는 표현 방법이다.

내겐 너무 지나쳐요

세 살 반 된 스타니슬라는 어린이집에서 돌아올 때 보이는 공격성을 염려한 어머니의 손에 이끌려 내 상담실을 찾았다. 하지만 반드시 그때만 그런 것은 아니었는데, 왜냐하면 어린이집 교사도 반 친구들에

---

17) 정신적 고통이 신체적 증상으로 나타나는 것. (역주)

대한 아이의 공격성에 불만을 표하고 있었기 때문이다.

스타니슬라는 침울하고 도전적으로 보이는 소년으로, 주변에서 제안하는 모든 것에 단호하게 저항했다. 마음에 들 만한 제안일 경우에도 그랬다. 마치 자기 자신에게 벌을 내리는 것처럼.

스타니슬라는 여러 가지를 실험해 보는 어린이집에 다니고 있었는데 그곳에서는 아이들이 세 살부터 읽기를 배웠다. 2년째 다니고 있었는데 이 아이는 교사가 요구한 읽기 연습을 집에서 하지 않으려 했고 그것이 부모를 난감하게 만들었다.

아이의 행동은 학기가 시작된 9월부터 악화된 듯했다. 어머니는 아들의 공격성의 출현을 그때 받은 어떤 수술과 결부시켰다. 반복적으로 감염되는 턱뼈 신경절을 생체 조직 검사 후 의사들의 지시에 의해 절제하는 수술이었다. 하지만 절제된 신경절을 분석한 결과 아무 이상이 없었다.

스타니슬라는 자유 그림을 그려 보라는 나의 제안을 마침내 받아들여 집을 한 채 그렸다. 그 집에는 창살 쳐진 문 하나를 빼놓고는 출입구가 없었고 대신 유난히 빨간 벽난로가 있었는데, 거기서는 엄청난 양의 연기가 소용돌이 모양으로 끝없는 원을 그리며 나오고 있었고 모든 닫힌 고리는 검은색으로 가득 차 있었다. 내 머리엔 어떤 것이 연상되었다. 사슬처럼 이어진 이 연기는 절제된 신경절을 가리키는구나. 왜냐하면 거기에서부터 턱 밑의 긴 흉터가 이어졌기 때문이다.

나는 아이들 특유의 시각적 표현 형태 속에서 자신의 어려움을 명확히 진술하는 그림을 그려 준 것에 대해 고마움을 표했다. 만일 자신에게 선택권이 있다면 정말로 하고 싶은 일이 무엇이냐는 나의 질문에 키가 내 책상보다 클까 말까 한 그 소년은 내 눈을 똑바로 쳐다보면서 강력하게 주장했다. 거기엔 나의 지지를 얻고자 하는 마지막 기대가 담겨 있었다. "놀고 또 놀고 싶어요. 그리고 어른은 되고 싶지 않아요."

그러니까 놀고 싶다는 정당한 바람, 또 아이들의 공통된 바람이 이 아이로 하여금 자신의 생각을 몸으로, 몸에 의해 표현하게 만들었고 그럼으로써 자신의 몸을 심각한 위험에 빠뜨렸던 것이다. 아이의 엄마는 스타니슬라에게 읽기를 통해 '이른 자율성'을 갖게 해줄 수 있다는 이유로 자신의 교육적 선택을 정당화했다. 그녀는 이른 자율성이야말로 미래를 위해 더없이 소중한 발판이라고 생각하고 있었다.

이것은 우리가 아주 어린 환자들에게서 확인하던 사실이다. 아이들의 불만은 대개 그들만의 유일한 언어, 즉 신체적 기능 장애로 표현된다. 스타니슬라는 겉보기에는 잘 적응하는 듯했지만 부모가 자신을 위해 세운 이른 자율화 계획에 대한 분개를 표현하고 항의하기 위해 이런 정신신체적 언어를 선택한 것이다.

과도한 학습에 치인 이 아이는 다른 정신적 능력들, 특히 자신의 활기를 표현하는 데 중요한 상상력을 탐색하지 못하는 아이가 되었다. 아이에게는 자신의 창의력을 '놀려 볼' 시간도 없었다. 노는 것은 유년기의 중요한 활동인데도 말이다.

그러자 이 억눌린 에너지가 모든 정신신체적 질병 환자에게 공통되는 무의식적 자상(自傷) 증상으로 나타나면서 그를 공격했다. 스타니슬라에게 이 병이 부모의 압력에 한계를 정하는 일종의 안전판으로 작용한 것도 그 때문이다. 따라서 우리는 아이에게 너무 일찍부터 학습을 시키지 않도록 주의해야 한다. 그것은 아이의 호기심, 자발적 견해를 속박함으로써 아이를 '로봇으로' 만드는 행위이다. 설령 그렇게까지는 되지 않는다 해도 아이는 자기 자신을 자유롭게 드러낼 수 없게 될지 모르며, 유일한 표현 수단인 병의 위협에 굴복하게 될 수도 있다.

나는 스타니슬라의 부모에게 그런 메시지를 전하고, 지금 이 아이가 어떤 궁지에 처해 있는가를 설명해 주고자 그들의 요구가 아들에게 일으킬 수 있는 기질적 증상의 악화를 경계하라고 일렀다. 부모는 모든 면에서 아이를 제대로 '이해하지 못하고' 있었다. 놀고 싶은 아이의 마음도, 그런 증상들이 나타날 만큼 아이의 머릿속이 포화 상태에 이른 것도.

프랑수아즈 돌토는 이렇게 썼다. "아이는 부모를 통해 자기 자신과 화해할 수 있다. (…) 아이만 데리고, 또는 부모만 상대로 하여 할 수 있는 일은 아무것도 없다. 이것은 상담가·부모·아이 간의 상호 이해 작업이다."

부모가 아이와 함께 형성한 독특한 관계를 함께 이해하려고 노력하는 작업은 아이로 하여금 '자기 탓이 아닌 것에 대해 죄책감을 느끼지' 않게 하고 자신의 욕구를 복원해 표현할 수 있게 도와준다. 괜히 그것을 신체적 증상으로 표현해 스스로를 위험에 빠뜨리는 일이 없게 된다. 스타니슬라의 경우를 통해 우리는 부모가 어린 자녀 특유의 심리적·정서적 미숙함을 고려하지 않은 채 자신의 욕망을 투사할 때 아이가 어떤 극한 상황에까지 이를 수 있는지를 보았다.

사실 아이 자신의 출생을 포함한 모든 것이 미리 계획되는 세상에서 능률을 염려하다 보면 아이로 하여금 모든 단계를 건너뛰게 하고 싶은 게 사실이다. 더 빨리 말하고 더 빨리 읽고 더 빨리 자율성을 가지면 앞으로 아이가 하게 될 경쟁에 대비할 시간을 더 많이 갖게 될 것이다. 젖먹이에게 점점 더 일찍부터 자율성을 가질 것을 요구하는 부모와 교육자들의 자기 도취증 위에 세워진 수익성과 완벽함에 대한 욕망은 아이의 중요한 권리 하나를 빼앗는다. 그것은 자신의 시간을 사랑과 자신감에 대한 욕구를 토대로 하는 기본적 안전을 확립하는 데 쓸 권리이다.[18]

따라서 '억지로 이루어지는 때 이른 자율화'는 지식의 때 이른 강제 주입과 마찬가지로 아이에게 적절한 속도를 거스르는 유감스러운 결과를 낳으며, 아이의 타고난 호기심을 구속하거나 왜곡시킬 염려가 있다. 그런데 진정한 자율성은 호기심에서 나오는 것이다.

그 결과 아이는 어른들의 세계를 모방한 효율성에 대한 염려에서 발생하는 경향을 발전시키지 않을 수 없게 된다. 그런데 효율성은 사람을 끊임없이 실패로 몰아넣는다.

이에 대해 〈유년기의 검은 대륙〉이라는 함축적인 제목의 글들에서 장 보드리야르는 이렇게 규탄했다. "이 시대 아이들의 지위는 편리한 아이, 조작 가능한 아이이다. 한평생 같은 궤도를 도는 위성의 삶을 사는 복제 아이 말이다."

때 이른 길들이기의 절대적 영향력은 이렇게 구체화되고 있으며, 이에 대해서는 모든 아이들이 각자 다르게 반응하고 있다. 어떤 아이들의 경우 부모의 욕망에 맞춰진 '거짓 자아'가 매우 일찍부터 자리잡는다. 그런 아이들은 물론 자신의 일에 스스로 책임을 지지만 그들 자신의 진정한 몫을 포기하고 복종한 것에 대한 대가를 톡톡히 치를 수 있다.

---

18) 에티 부젱, 《엄마 아빠, 꿈꿀 시간을 주세요 *Papa, Maman, laissez-moi le temps de rêver*》, 알뱅 미셸 출판사, 1995년.

스타니슬라처럼 많은 아이들이 포화 상태에 이르렀음을 표현하기 위해 온갖 종류의 정신신체적 증상, 또는 우울증을 나타내며 반항한다. 이 경우엔 자기 속도에 맞게 변화하게 놔두면 될 것이다.

관계를 유지하기 위해

아르튀르는 네 형제의 막내로서 바로 위의 형과 10년이나 터울 지는 늦둥이로 태어났다. 나이는 여덟 살 반이었고 강박적 행동 때문에 주치의가 내게 상담을 의뢰했다. 그 아이는 발모증이라는 습관적 행동 양상을 보이고 있었는데, 그것은 머리카락이나 눈썹의 털을 하나씩 뽑는 증상이었다.

다 큰 자식들에 비해 아직 매우 젊은 그의 어머니는 그들을 낳았을 때 충분한 사랑을 쏟지 못했다는 느낌을 갖고 있었고 그로 인한 죄책감이 없지 않았다.

그래서 아르튀르를 낳고 너무 기뻤던 그녀는 아이와 매우 융합된 관계를 형성했다. 게다가 이렇게 뒤늦게 아이를 가지는 것에 동의하지 않았던 남편의 침묵을 자기 식으로 보상했는데, 그것은 아들을 아버지로부터 멀리 떼어 놓는 것이었다.

충격적인 것은 모자 관계를 지배하는 양면성이었다. 어머니는 매우 성가시게 구는 것으로 자신의 감정을 표현했는데, 때로는 그것이 지나쳐서 아들만의 신체적·정신적 공간을 침범할 정도였다.

아르튀르는 처음엔 마지못해 응하다가 결국은 포화 상태에 이르러 어머니의 이와 같은 침범을 난폭하게 거부하는 지경에 이르렀다. 그것은 그만큼 집요하고 참기 힘들 정도로 무분별했다.

아이는 어머니에게 느끼는 절망이 얼마나 큰지를 드러내는 지친 목소리로 이렇게 말했다.

"내가 **아픈** 건 엄마 때문이야. 엄마는 나를 믿지 못해. 어떤 일도 내마음대로 하게 내버려두지 않아. 그리고 길에서는 아직도 내 손을 잡고 다녀서 친구들한테 창피를 줘."

친구들이 맘껏 누리는 자유의 공간을 빼앗긴 것이 아르튀르에게는 더 이상 참을 수 없는 고통으로 느껴졌다.

어머니의 욕망이 초래한 융합적 관계 속에서 너무 오랫동안 움직여 온 아르튀르는 자신과 어머니의 관계가 항상 구분된 것은 아니라는 것을 자기 식대로 고발했다. 매우 비협조적인 어머니는 아들을 계속 지배하고 싶어했다. 역설적이게도 아르튀르는 집을 떠날 수 없어서, 특히 어머니와 떨어질 수 없어서 괴로워하는 모습을 드러냈다.

또한 그 아이는 어머니의 침범을 피하려는 욕망과 부족할 것 없는 무조건적인 사랑이 가져다 주는 안락함 사이에서 고통스러운 양면 감정을 느끼고 있었다.

유아기 때 어머니의 상실이 의미하는 분리에 대한 두려움으로 인해 항상 고통스러웠던 그 아이는 어머니의 품에 안겨 어머니의 머리카락을 잡아당기던 단계로 퇴행함으로써 모자간의 관계를 유지했다. 다만 이제는 그 자신이 대상이 되었다. 아르튀르는 그런 식으로 "분리 거부로·해석될 수 있는 무의식적 강박 증상을 통해 상징적으로 어머니에게 매달렸다."[19]

---

19) 르나타 가디니, 〈분리 거부 Le Déni de la séparation〉, 《라르크 L'Arc》, 69호.

아르튀르의 문제는 어머니가 아이에게 아버지로 대표되는 외부 세계와 그것의 풍요로움에 접근할 수 있는 공간을 제공하지 않을 때 모자의 공생 관계가 얼마나 파괴적인 관계가 될 수 있는지를 잘 보여주고 있다.

아버지를 다시 거론하자면, 어머니의 이야기 속에서 아버지가 차지하는 자리의 중요성은 더 이상 증명이 필요없을 것이다. 자신이 볼모로 느껴질 정도로 성가시게 구는 어머니에게 상당한 권리 침해를 받고 있던 소년에게 아버지가 동일시의 본보기가 되는 것은 두 말할 나위가 없다.

아동 치료 시 이런 인식은 아동으로 하여금 어머니의 흡혈귀적 애정에서 벗어나 아버지와 화해하게 해줄 것이다. 이는 아르튀르가 개별화될 수 있는 자신의 능력을 발전시키는 데 반드시 필요한 조건이다.

부모를 결합시키기 위해

별거중인 부모의 외동아들인 세드릭은 올해 열 살 된 소년으로 다른 아이들보다 1년 어림에도 불구하고 학교 성적도 뛰어났고 별다른 어려움 없이 자기 반에서 선두를 지키고 있었다.

세드릭은 경쟁하기를 좋아했고 스포츠, 특히 탁구에도 재능이 있어서 대회를 앞두고는 일주일에 몇 시간씩 연습했다. 그리고 대회에서도 항상 좋은 성적을 거두었다.

어머니와 함께 온 세드릭은 야간의 불안증 문제를 상담했다. 그 때문에 자주 잠을 못 이룬다고 했다. 게다가 이 아이는 자기 집이 아닌

곳에서는 절대로 잠을 잘 수가 없었다. 깜깜해질 무렵, 어머니나 아버지가 아이를 찾으러 급히 친구 집으로 가야 한 적이 한두 번이 아니었다. 지금까지 자연 학습이나 여름방학 캠프 같은 것은 당연히 꿈도 꾸지 못했다.

역설적이게도 세드릭은 모든 일을 척척 알아서 하고 나이에 비해 매우 성숙한 아이였다. 이미 오래전부터 혼자, 아무 두려움 없이 지하철도 잘 탔고 시내도 잘 돌아다녔다. 스스로 식사를 만들어 먹을 때도 많았고 때로는 아버지나 어머니를 위해 식사를 준비하기도 했다. 부모에게 거의 의존하지 않았던 세드릭은 이상하게도 자신이 부모 때문에 항상 바쁘다고 느꼈으며 부모와 자식의 역할이 바뀌었다고 생각했다. 세드릭이 두 살 때 헤어진 부모는 그뒤로도 계속 사사건건 서로를 헐뜯고 있었기 때문에 의사소통이 불가능할 지경이었다.

세드릭은 항상 약속 시간을 정확히 지켰다. 그 아이는 이렇게 말했다.

"어머니는 내 모든 행동을 분석하고 항상 나에 대해 사소한 것 가지고도 걱정해요. 그리고 아버지는 별로 말이 없어요. 나는 아버지가 무슨 생각을 하는지, 나한테 정말로 관심이 있기나 한지 잘 모르겠어요."

세드릭의 말에 따르면 어머니가 아들 앞에서 아버지를 끊임없이 헐뜯은 반면 아버지의 전략은 그보다 치밀한 것 같았다. 그는 다음과 같은 말을 꾸준히 반복하는 것으로 만족했다. "네 어머니는 제 정신이 아니다."

어느 날 아이의 아버지가 내게 전화해 세드릭이 무릎에 격심한 통증을 느껴 엑스선 사진을 찍어야 하기 때문에 심리 치료 상담에 오지 못할 것이라고 놀란 목소리로 알려 왔다. 하지만 철저한 검사에도 불구하고 어떤 상처도 발견되지 않았으며 세드릭은 다리를 절면서 상담을 위해 나의 진찰실에 왔다. 탁구도 더 이상 칠 수 없게 되어 훈련을 그만둬야 했다. 이제 세드릭은 부모에게 전적으로 의지해야만 거동할 수 있는 처지가 되었다.

나는 그 다음 상담 때 세드릭의 부모가 아들과 함께 왔다는 사실에 놀랐고, 세드릭이 부모가 함께 있는 것이 기뻐 자신의 고통을 과장해서 말한다는 사실에 놀랐다. 그때 그 아이는 평소보다 훨씬 더 많이 다리를 절었다.

실제로 부모도 아들과 아들의 이상 증세를 둘러싸고 일체가 되어 있었다. 그리고 세드릭은 거기서 또 다른 확실한 이득을 취하고 있었으니 부모가 서로 대화하는 모습을 보는 것이었다. 설령 그것이 아들의 일시적 장애에 관한 것뿐일지라도. 이번 정신신체적 퇴행 덕에 세드릭은 자신의 부모와 같은 혼란스러운 부부의 중재자가 되었다.

상담중에 세드릭은 부모 얼굴을 그리고 그 사이 원 안에 자기 얼굴을 그렸다. 내가 그림을 설명해 달라고 하자 그는 이렇게 말했다.

"부모님이 나를 서로에게 던지는 모습이에요."

"그렇구나! 마치 탁구공처럼 말이지?"

처음엔 당황하던 세드릭이 웃으며 내 말에 수긍하고 이렇게 덧붙였다.

"하지만 난 내가 가장 좋아하던 스포츠를 하지 못하게 된 것이 무척 속상해요. 난 일부러 무릎을 다친 게 아니에요. 게다가 이제 난 아무것도 혼자 할 수 없어요. 전처럼 말이에요."

"그럼 네가 무릎이 아프고 더 이상 탁구를 할 수 없게 된 게 부모님으로 하여금 '그들만의 게임을 멈추게' 하려고 그런 거니? 부모님이 헤어지기 전에 어린 세드릭으로 돌아가는 것이 너를 위한 유일한 방법이라고 믿은 건 아니니? 두 분이 별거한 뒤부터 네가 느껴온 고통, 네 부모님이 귀기울이려고 하지 않던 그 고통이 진짜 네 무릎을 아프게 만든 것 같구나. 그건 오래전부터 네가 느껴온 두통과 똑같은 거야. 그 고통을 이번에는 부모님도 인정하지 않을 수 없었지. 부모님이 서로 대화하게 만든 지금, 너는 탁구에서 얻었던, 그리고 한동안 빼앗겼던 기쁨을 되찾을 수 있을 거야. 때로 우리가 자신의 느낌, 자신의 숨겨진 감정을 표현할 수 없을 때 그것을 할 수 있는 유일한 방법은 자신의 몸으로 표현하는 거란다.”

우리는 아이들이 자신의 불만, 삶의 고통을 표현할 방법이 없어서 몸이 아픈 단계로 넘어간 경우를 많이 보았다. 그리고 스타니슬라의 경우에서처럼 그것은 중병의 형태를 취할 때도 있었다.

정신분석가의 발언은 아이가 그토록 오랫동안 머물러 있던 고통스러운 혼돈에서 꺼내 주고, 자신의 고통을 몸으로 표현하는 단계에서 말로 표현하는 단계로 넘어가는 것을 도와준다.

그 상담 때부터 몇 가지 진전이 나타났다. 우선 세드릭이 할머니 집에서 하룻밤 자는 것을 받아들였고, 그 다음엔 다른 친척들의 집으로 체험의 장을 넓히더니 곧 친구네 집에서 잘 계획도 세우게 됐다.

‘모든 점에서 잘 해내고’ 많은 부모들이 꿈꾸는 이상적인 자식의 상에 부합하는 것으로 여겨지던 이 소년이 사실은 우울증을 앓는 아이의 전형적인 증상을 보이고 있었다. 자신이 소중히 여기는 인형이 없으면 잠을 잘 수 없을 정도였는데 이는 본래 정서적·심리적으로 미숙할 때 나타나는 증상이다.

완벽하게 자율적이고 일상 생활의 구속들에 잘 대처하고 적응하던 세드릭이 감정과 관련된 모든 분야에서는 어린 시절에 고정되어 있었다. 부모의 결별 이전의 경험들을 다시 누리고 싶다는 무의식적인 욕망에서 그런 행동이 나오는 듯했다.

부모와의 결별에 대한 극도의 공포도 가정 상황 안에 다시 놓고 보면 그 자체로서 주의를 요하는 하나의 증상이었다. 그 아이는 부모와 떨어지길 싫어했는데 그것은 부모 사이에 벌어지는 일들을 감시하고, 그들을 상징적으로 결합시키기 위해서인 듯했다. 하지만 그의 기대에도 불구하고 아무것도 바뀌지 않자 세드릭은 다른 언어, 두 살짜리의 신체 언어로 부모의 난관을 표현해야 하는 상황에 몰리게 됐다. 이것은 대개 언어를 구사할 수 없는 아주 어린아이들이 사용하는 방법이다. 그래서 무릎 주변이 아프게 됐고 그것은 아들을 가장 우선순위에 놓는다는 점에서 일치하는 부모의 관심을 끌기에 충분할 만큼 걱정스러운 것이었다. 부모의 보증인 노릇을 하던 세드릭은 부모를 가깝게 만드는 것이 자신의 무의식적 욕망이라는 것을 깨달았다.

부모가 별거하고 많은 시간이 흐른 뒤라도 '재결합'하기를 바라는 것은 아이들의 공통된 현상이다. 세드릭이 '서로 사랑하던 시절'에 찍은 부모의 사진들, 수중에 소중히 간직하던 사진들을 보여 달라는 나의 요청을 거부하지 않은 것은 그런 때가 분명히 있었다는 것을 확신하기 위해서가 아니었을까?

어쨌든 한 쌍의 부부가 헤어지기로 결심했을 때에는 자녀의 정체성의 토대가 된 상대방의 몫을 서로 존중해야 한다. 왜냐하면 아이는 생물학적으로나 상징적으로나 아버지와 어머니로부터 똑같이 물려받았기 때문이다. 부모 중 한 명이 아이 앞에서 옛 배우자를 헐뜯으면 아이는 자기 자신의 반이 잘려 나가는 느낌을 받게 된다. 그러므로 아버지와 어머니가 그들의 원한을 검열하지 않고 지나친 비판을 퍼부을 때 아이가 어떤 고통을 받을지 상상해 보라. 그때부터 아이가 부모를 준거로 하여 건축해야 하는 균형은 위태로워지거나 불가능해진다. 왜냐하면 부모를 따로 대면했을 때 아이는 어느 쪽에 충성할 것인가 하는 갈등을 피할 수 없기 때문이다.

자식을 배려하기는커녕 각자 자기 식대로 영향력을 행사하려 들면서 자신을 정서적 불안에 빠뜨린 부모의 상호 비방 사이에서 몸 둘 바를 모르던 세드릭도 부분적으로는 그런 일을 겪은 셈이다. 그리고 그것은 참을 수 없는 공포의 원천이 되었다.

그런데 아들 문제라면 강한 연대감을 보이는 아버지와 어머니 사이에 야기된 이런 친밀함 속에서 세드릭은 상당한 위안을 발견했다. 그것은 그들이 지난 날 자신의 부모가 되기 위해 결합했던 사람들이고, 앞으로 무슨 일이 닥쳐도 그들은 여전히 자신의 부모로 남을 것임을 확인하는 방법이었기 때문이다.

6
자율성과 부모의 시간적 여유

아이가 자율적이 되면 부모는 편안해진다. 자신의 필요에 의해 어른
을 '방해하지' 않고 아무것도 요구하지 않는 것처럼 보이는, 또는 아
무것도 요구하지 않기로 약속한 아이와 함께라면 부모는 얼마든지 자
기 일에 몰두할 수 있기 때문이다.

말할 사람이 없어요

올해 열세 살인 세바스티앙은 어머니와 함께 상담에 오기로 했다.
첫 번째 상담에서 세바스티앙의 어머니는 아들이 다른 가족 구성원들,
즉 어머니·아버지·두 살 밑 동생과 대립 관계에 있다고 설명했다.

어머니는 자신이 '하나의 사건을 일으키는 상황을 자세히 알기가 불
가능하다'고 말했고, 궁여지책으로 그 원인을 세바스티앙의 정서 불
안과 고지식함 탓으로 돌렸다. 왜냐하면 어머니의 표현대로라면 그 아

이는 '어떤 변화도 용납하지 않고 다른 사람들과 아무것도 나누지 않기' 때문이다.

세바스티앙은 어머니를 무시하려 들었고, 그래서 어머니와의 긴장은 극에 달해 있었으며 대화할 만한 분위기는 전혀 형성되어 있지 않았다.

어머니가 말을 이었다.

"온가족이 갈등을 겪고 있어요. 세바스티앙은 항상 자신이 이해받지 못하고 있다고 생각했고 우리와 떨어져 홀로 있기 위해 세운 전략을 정당화했어요. 이 아이는 문에 '금지'라고 쓴 팻말을 달고 자기 방에 틀어박혀 있어요. 그 의지가 너무도 분명해 우리 편에서는 어떤 시도를 해볼 용기도 잃게 되죠."

세바스티앙은 주변 상황에 대한 냉소주의가 드러나는 어조로 한술 더 떠 이렇게 말했다. "어찌됐든 나를 이해해 주는 사람은 아무도 없으니까 그것만이 내 방을 지키고 방해받지 않을 수 있는 길이에요."

자신이 지나치게 노출된다고 느끼면 상담이 중단되리라는 것을 예감한 내가 세바스티앙에게 어머니는 대기실에서 기다리게 하고 혼자 상담하겠느냐고 제안하자 아이는 눈에 띄게 안도하면서 받아들였다.

우리만 남게 되자 아이는 대번에 짜증 섞인 태도를 버리고 문제의 핵심이라고 생각하는 것을 자발적으로 언급했다.

"어머니는 항상 시간이 없어요. 내가 하는 일에는 관심도 없으면서 나더러는 자기 일, 자기가 좋아하는 일에 관심 갖기를 기대하죠. 어머니는 남의 말은 듣지 않아요. 어머니와 나는 거의 대화를 하지 않아요. 나는 초등학교 1학년 때부터 내 할 일을 스스로 해왔죠. 너무했죠. 내가 천부적인 재능을 타고나지 않았더라면(!) 이미 오래전부터 유급했을 걸요!"

세바스티앙은 흥이 나서 유머를 섞어가며 술술 자신의 생각을 털어
놓았다.

"그러면 아버지와의 관계는 어때?"

"아버지에게는 익숙해졌어요. 항상 그런 식이었으니까요. 아버지는
일 때문에 집에 없거나 집에 있더라도 항상 컴퓨터 앞에만 있죠. 물론
아버지도 나도 컴퓨터를 좋아하지만 그것만으로는 충분하지 않아요.
나는 아버지를 좀더 많이 알고 싶어요. 게다가 아버지는 담배를 지나
치게 많이 피우기 때문에 걱정이 돼요. 하지만 끊으려는 의지가 별로
없죠. 엄마는 아빠가 '녹슬지 않는 강철' 같은 인간이기 때문에 어떤
병도 걸리지 않을 거라고 말해요."

"부모님과 이 문제를 이야기해 볼 방법을 못 찾은 것 같은데, 이 상
담을 계기로 네가 진정한 대화를 필요로 하고 있다는 것을 어머니에게
알려드리고 싶니?"

"어머니에게 알려드리는 것은 좋지만 나 없이 했으면 좋겠어요. 선
생님이 직접 어머니에게 그런 말을 하고 내가 어떻게 변하기를 원하는
지 물어보면 좋겠어요."

세바스티앙이 보인 뜻밖의 열의는 내게 길조로 보였다.

내가 어머니를 면담하는 동안 자유 그림을 그리고 있겠느냐고 물어
보았더니 세바스티앙은 흔쾌히 받아들였다.

중재 역할을 하면서 나는 아들이 부모와의 대화 부족, 또는 적어도
자신의 요구나 흥미는 끼어들 틈이 없는 일방적 대화에서 느끼는 어
려움을 어머니에게 설명했다.

그러자 놀랍게도 처음엔 당황해하던 어머니가 아들의 관점에 동의

했다.

"맞아요. 나는 항상 가족들의 의견은 물어보지도 않고 내 취미와 관심거리를 지나치게 자주 강요해 왔어요. 나는 매우 자기 중심적으로 행동해 왔지만 그건 가족들이 다른 것, 이를테면 정치나 문화 같은 것에도 관심을 갖게 하려는 교육적 배려에서 그렇게 한 것이기도 해요. 하지만 그애 말이 맞아요. 난 한 번도 애들의 학교 생활이나 친구 관계, 그날그날의 사소한 소동들에 관해서는 물어본 적이 없어요. 애들 아버지 또한 말이 없고 자기가 좋아하는 일에만 관심을 쏟는 사람이기 때문에 세바스티앙이나 그애 동생도 버림받은 느낌을 많이 받았을 거예요. 게다가 세바스티앙은 텔레비전을 볼 때에도 2층에서 혼자 보거나 자기 동생이랑 보거든요. 애들이 텔레비전을 일주일씩 돌아가며 자기 방에 갖다 놓기 때문에 난 애들 싸우는 걸 피하려고 텔레비전을 한 대 더 살 생각까지 했어요. 난 집안이 조용한 걸 좋아하고 내가 좋아하는 프로그램을 방해받지 않고 보는 걸 좋아해요. 왜냐하면 그때가 내가 평온하게 있을 수 있는 유일한 시간이기 때문이죠."

나는 용기를 내어 어머니에게 세바스티앙도 자기 방에 틀어박혀서 아마 부모의 행동을 되풀이했을 거라고 지적했다.

그리고 이 젊은 여인이 자신이 그렇게 행동하게 된 동기를 허심탄회하게 털어놓으면서 동시에 아들에 의해 만들어진 상황에 대한 타당한 분석을 받아들이는 동안 나는 가족 구성원 각자가 자기 방에 틀어박혀 있는 모습을 상상했다. 그리고 나는 세바스티앙의 느낌에 자연스럽게 동화될 수 있었다. 아이는 당연히 소외감을 느꼈을 것이다. 소외감은 공격성을 낳기 쉽고 그것은 기회가 생기면 표출되기 마련이다.

아들의 기대가 어긋났다는 것을 깨달은 어머니와의 유익한 대화가 끝난 뒤 어머니가 나간 방에 세바스티앙이 들어와 나와 마주 앉았다.

그 아이는 내게 그림을 내밀었다. 그것은 검정색 크레용으로 그린 미로였는데 입구와 출구가 하나씩밖에 없었다. 이 그림 속에서 그가 있는 곳을 묻자 그 아이는 이렇게 대답했다.

"난 미로 한가운데에 있어요."

그러면서 가운데에 커다란 검정색 점을 찍고 그 위에 물음표를 그렸다. 내가 물었다.

"너는 무슨 말을 하고 싶니?"

"아무 말도 하지 않을 거예요. 왜냐하면 말할 상대가 없거든요!"

가정에서 의사소통의 근본적 결핍감을 느낀 많은 청소년들처럼 세바스티앙도 자기 자리를 요구하기를 포기한 상태였다. 그래서 '엄마 아빠는 내 말을 듣지 않는다'가 '나는 엄마 아빠에게 할 말이 없다'로 변모한 것이다.

아직 언어를 자유롭게 구사할 수 없는 어린아이처럼 세바스티앙도 부모의 무관심으로 느끼던 것에 대한 자신의 적개심을 흥분된 감정을 통해 표현하고 있었다.

'안심시켜 주는 지지자'를 갖지 못한 그 아이는 스스로 고립됨으로써 자신의 신체적 공간과 정신적 공간을 동시에 보호하고 있었다. 그 아이의 자기 중심적인 태도도 부모의 태도를 본뜬 것이었다. 아이들은 주변 사람들의 장점은 물론이지만 약점으로 느껴지는 것도 본보기로 삼는데 나는 이것을 '부메랑 효과'라고 부른다.

물론 세바스티앙은 초등학교 1학년 때부터 스스로 모든 걸 처리해 왔지만 그렇게 어릴 때부터 자기 일을 스스로 책임진다는 사실이 그에게는 이런 결론을 내리게 했다. "나는 부모님을 믿을 수 없기 때문에 혼자 알아서 처리하고 있지만 다른 사람들도 나를 믿을 수 없을 거야."

그 아이가 방구석에 처박혀 있고 자신을 위해 모든 것을 붙잡아두려는 성향은 그래서 생긴 것이었다. 그때부터 세바스티앙은 자신을 대등한 주체로 인정하지 않는 부모의 태도로 인해 겪게 된 실망으로부터 자기 방식대로 자신을 지켜 왔다. 왜냐하면 아버지는 그에게 아무것도 강요하지 않고 어떤 면에서도 영향을 주지 않았으며, 어머니는 아들이 정말로 걱정하는 것은 고려하지 않고 자기 이야기만 했기 때문이다.

게다가 어머니의 발언 속에서 아버지는 거의 인정받지 못하는 것처럼 보였는데 이는 아버지의 역할을 보장하는 데 큰 영향을 끼친다.

실제로 세바스티앙은 어린 소년의 위치로 퇴행할 때에만 아이로서의 자기 자리를 되찾았는데 이는 갈등 시나리오를 반복하는 결과를 가져왔고, 그것은 다시 그의 고립의 핑계가 됐다. 그 아이는 이런 식으로 부모를 멀리 했는데, 이는 오래전부터 부모가 아이에게 취해 오던 행동과 똑같은 것이었다.

그런데 우리의 첫번째 상담 때 그 아이는 열세 살이라는 나이에서 오는 어떤 명석함 덕에 자신의 불만을 표현할 수 있었다. 이제는 공격성으로 은폐된 그 아이의 고통스러운 경험을 해석하고 그것의 의미, 즉 인정받고 이해받고 싶다는 단순한 요구를 되돌려줄 때가 되었던 것이다.

자신들이 '강요된 자율성'을 통해 자녀들에게 어떤 짐을 지우고 있는지를 전혀 모르는 일부 부모들의 경우 아직도 상황을 바로잡을 수 있으며 열세 살에도 그것은 가능하다. 하지만 때로는 너무 늦은 경우도 있고 돌이킬 수 없을 정도로 피해가 클 수도 있으며 소외의 위험성이 있을 수도 있다. 설령 그때까지 아이가 부모의 욕구에 따라 행동한다 해도 그와 같은 행동이 앞으로도 계속될 것을 약속하는 증거는 아무것도 없다. 청소년기는 최선의 경우 아이들이 후견인 노릇을 해온 어른들과의 갈등을 해결하고, 최악의 경우 대단히 위험한 짓을 감행하면서 어른들에게 도전하는 시기인 것이다.

여느 아이들처럼 세바스티앙은 공통된 영역에서 아버지, 어머니를 만나는 것 외에는 아무것도 요구하지 않았다. 부모에게 다음과 같은 의무가 과해지는 곳도 바로 거기이다. 아이가 자유롭게 자신의 의사를 표현하고 자기만의 기준을 만들어 내는 것을 격려하기에 충분한 대화와 교류의 공간을 보존하는 것. 그런 태도만이 아이가 무모하고 고통스럽고, 나아가 비극적인 행동으로 넘어가는 것을 막을 수 있다.

이와 같은 사실은 우리에게 주의 깊은 경청과 참된 대화를 나누려는 배려 속에 존재하는 부모의 애정 어린 동반이 아이들과 청소년들에게 얼마나 중요한지를 잊지 말 것을 권고하고 있다.

상담이 끝나고 얼마 후 세바스티앙의 어머니가 내게 전화를 걸어 고맙다는 말을 했다. 그녀는 아들의 요구가 정당하다는 것을 알았고 아버지에게도 그렇게 말했다고 한다. 부부의 노력 덕에 세바스티앙과 의논하는 일이 그녀를 기쁘게 했고 그것은 아들을 기쁘게 했다. 그래서 그때마다 그녀는 아들에게 너는 '멋진 아이'라는 말을 꼭 해준다고 했다! 끝이 좋으면 모든 게 좋은 법이다……

대체 우리 엄마는 뭘 하는 거죠?

올해 열 살 된 루이는 지적 능력은 변함이 없는데 학교 성적이 떨어지는 문제 때문에 어머니와 함께 상담하러 왔다. 루이의 부모는 아이가 평소와 달리 공부에 열중하지 않는 모습을 보고 놀라고 있었다.

루이에게는 대단히 똑똑한 두 살 연상의 언니가 있었는데 그 때문에 언니는 부모의 사랑을 듬뿍 받고 있었다.

내가 요즘 힘들게 느껴지는 일이 무엇인지 묻자 루이는 잠시 생각하더니 이렇게 설명했다.

"나는 우리 가족들과 다른 것 같아요. 모두 똑똑한데 나만 그렇지 않거든요. 나는 운동을 좋아해요."

루이는 어머니에게 이렇게 말했다.

"난 당신들 세 사람과는 다른 것 같아요."

내 방에 우리 둘만 남게 됐을 때 그에 관해 더 말해 달라고 청하자 그 아이는 이렇게 말을 이었다.

"난 부모님 같은 지식인이 되고 싶지 않아요. 부모님은 일을 너무 많이 해요. 두 분 말에 따르면 청구서를 갚기 위해서래요……. 두 분에게는 인생을 즐길 시간이 없어요. 어머니는 스트레스를 너무 많이 받아서 무척 걱정이 되지만 나로서는 어머니를 도울 수 없는 것 같아요. 아주 멀리 출장을 갈 때도 많고 아무튼 잠시도 한가한 적이 없어요. 사실 나는 좀더 '정적인' 어머니가 되면 좋겠어요. 어머니가 양보해야 돼요! 아버지가 멋진 계획을 세웠는데도 불구하고 우리끼리만 집에 있어야 할 때도 많았어요. 난 그게 싫어요."

나의 제안에 루이는 그림을 그리겠다고 했고 발치에 작은 사람 두 명이 있는 자유의 여신상을 보여줬다. 그런데 비스듬히 서 있는 한 사람이 동상 꼭대기를 보기 위해 목을 비틀고 있는 것처럼 보였다.

그림에 대해 설명해 달라는 나의 요청에 루이는 이렇게 대답했다.

"밑에 있는 아이는 나고 내 옆에 있는 건 언니예요. 지금 이 아이는 동상의 머리를 보려고 무진 애를 쓰고 있는 중이에요."

명백한 상징적 의미를 담은 이 그림은 따로 설명할 필요가 없을 것 같았다. 루이는 높은 좌대 위에 놓여 미화된 어머니가 얼마나 다가가기 어려운 존재라는 것을 그런 식으로 알리고 싶은 것이 분명했다…….

나아가 동상이 상징하는 자유의 개념은 루이의 상반된 감정을 담은 것처럼 보였다. 여기서 진정으로 자유로운 사람이 누구이겠는가? 아마도 자신을 위해 직장 생활을 우선권으로 택한 어머니일 것이다. 하지만 이것이 루이에게는 의심스러운 우선권이었다. 루이의 눈에 이 자유는 온가족을 얽어매는 덫으로 보였다.

루이는 학교 교육의 거부를 통해 가정의 모델에 다시 문제를 제기하고 있었다. 그것은 자신이 닮은 점을 발견할 수 없는 가정이었다. 물론 그 아이는 사랑이 없다고 주장하지는 않았다. 다만 어머니의 존재가 없다고 한 것이다. 아버지가 아무리 빈자리를 채워 주려고 노력해도.

아버지가 부재할 때도 마찬가지로 아이들은 부모의 똑같은 관심을 요구한다. 왜냐하면 그것은 아이들에게 무엇과도 바꿀 수 없는 것이기 때문이다. 아무리 가족의 책임을 분담하는 것이 오늘날의 추세라고 해도 말이다. 각자 맡은 역할이 다르다는 고정관념은 시간의 흐름에도 불구하고 변하지 않았기 때문에 아이들의 순응적 태도만 보고 속으면 안 된다.

그래서 이 열 살 소녀는 부모의 과도한 직장 일에 대해 언급하자 일말의 아쉬움이 담긴 어조로 이렇게 덧붙였다. "아버지의 역할은 출근하는 것이고 어머니의 역할은 집에 더 많이 있는 거예요." 이것은 아이들의 머릿속에서 지속적인 애정의 소유자라는 특권을 가진 사람은 바로 어머니라는 사실을 확인시켜 주는 말이었다.

역할의 새로운 분배에도 불구하고 아이들은 고전적인, 나아가 구시대적인 도식을 충실하게 간직하고 있다는 것을 우리는 인정해야 한다.

그리고 이러한 확신은 시간의 힘에도 지워지지 않아 현실에는 성공적으로 적응했지만 유년 시절의 체험을 완전히 극복하지 못한 어른들에게서 드러나고 있다. 그들은 그 체험을 완고하게 판단한다.

"난 어머니가 내게 한 것을 아들에게 되풀이하고 싶지 않아요." 세 살 된 아이의 어머니이며 올해 서른다섯 살 된 한 젊은 여인이 단호하게 말했다.

그리고 이렇게 덧붙였다.

"어머니는 내가 학교에서 돌아올 때 한 번도 집에 있은 적이 없어요. 내 소원은 어머니 옆에서 간식을 먹는 거였어요. 하지만 그런 일은 한 번도 없었고 그로부터 30년이 지난 지금까지도 그런 감정이 들어요. 한때는 혼자 집에서 어머니를 기다리지 않기 위해 어머니보다 늦게 집에 들어가려고 일부러 거리를 배회한 적도 있어요. 하지만 대개는 헛수고였죠. 왜냐하면 어머니는 나보다 훨씬 더 늦게 들어왔으니까요! 너무나 절망적인 일이었지만 나는 결코 거기에 익숙해질 수가 없었어요."

이 젊은 여인은 자신의 생활 리듬의 변화만이 직장 일과 아이 옆에 있어 주기를 조화시킬 수 있다는 결론에 이르렀다. 그러자 그녀의 계획은 확고해졌다. 남편, 아들과 시골로 이사 갔다. 그러자 이제는 교통 시간이 극복할 수 없는 장애가 되어서 정시에 학교 출구에 도착하지 못하는 일은 없어졌다. 이것을 우선순위에 놓자 부부는 어쩔 수 없이 그들의 직업적 야망을 약간 수정해야 했다. 하지만 두 사람은 삶의 질이라는 차원에서 거두게 될 이득에 비하면 그것은 대수롭지 않은 일이라고 생각했다.

그리고 그 여인은 설득력 있고 확신에 찬 어조로 다음과 같은 결론을 내렸다 .

"나는 무슨 일이 있어도 내 아들에게 똑같은 실망을 안겨 주지 않을 거예요. 난 부모로서 내가 어릴 적에 받아 보지 못한 것을 내 아들을 통해 되찾기 위해 다른 삶을 선택할 자유가 있다고 생각해요."

기다리는 아이

플로랑스는 심각한 우울증으로 상담하러 온 서른 살 된 젊은 여성이다. 그녀의 상태는 직장일은 물론(더 이상 일을 맡을 수 없었다) 감정적인 일에도 영향을 끼치고 있었다. 또한 여러 차례의 자살 시도로 점철된 혼란스런 연애들을 거친 뒤라 조만간 치를 결혼에 관해서도 침착하게 검토할 수가 없었다. 아내와 어머니로서의 역할에 의연히 대처해야 한다는 생각에 겁만 났다.

그도 그럴 수밖에 없었다. 유년기를 환기시켜 본 결과 그녀가 때 이르게 부딪쳐야 했던 일들을 고려할 때 그녀에게 혼란을 초래할 수밖에 없었던 요인들이 수면 위로 떠올랐다.

정서적으로 매우 불안정한 인격의 소유자였던 어머니는 어느 날 불쑥 플로랑스를 아버지에게 맡기고 집을 나가 때로는 며칠, 때로는 장기간씩 돌아오지 않으면서 많은 애정 행각을 벌였다. 그러고 나서 마찬가지로 예고도 설명도 없이 어느 날 갑자기 돌아왔다.

아버지가 가게를 보는 동안 플로랑스는 집안일을 혼자 떠맡았다. 그리고 아버지도 바람기 있는 아내를 끈기 있게 기다리는 동안에는 제멋대로 살았다. 그래서 어머니의 실수들 때문에 다른 아이들과 그들의 가족에게 손가락질당해야 했던 소도시에서 소녀는 돌봐 주는 이 없이 홀로 지낼 때가 많았다.

플로랑스가 기억하는 한 어머니는 아이의 어머니로서 어떤 존재여야 하는지에 관해서는 아무 개념이 없는 채 항상 아이를 팽개치고 집을 나섰다.

글씨를 쓸 수 있게 되자 그녀는 어머니에게 보내는 편지를 쓰기로 마음먹었다. 그녀는 어머니가 돌아왔을 때 발견하기를 기대하면서 사려 깊은 사랑의 메시지를 집안 곳곳에 감춰 놓았다. 그녀는 어머니가 귀가하지 않았는지, 그리고 자신이 모르는 사이에 다시 나갔는지를 확인하기 위해 은닉 장소에 가서 자신의 편지를 발견했는지를 정기적으로 점검했다.

하지만 그녀의 기대는 매번 무너지면서 그녀에게 사랑의 상실에 대한 불안감을 일으켰다. 유년기와 청소년기에 걸쳐 한없이 기다리는 동안 그녀는 허약한 모녀 관계를 상징하는 이 편지들을 통해 존재하기 위해 필사적으로 노력했다. 그 어머니가 모성애라는 차원에서는 꽤 불성실했음에도 불구하고……

하지만 20년이 지난 지금까지도 절망에 빠져 갈피를 못 잡고 눈물 속에서 헤어 나오지 못하는 플로랑스는 내게 이렇게 털어놓았다.

"하지만 그 편지들은 아직도 그 자리에 있어요. 어머니가 그 사실을 아는지 모르는지에 대한 증거는 아무것도 없어요."

왜냐하면 그토록 바라던 애정의 흔적들은 한 번도 나타나지 않았기 때문이다. 그리고 어머니가 돌아왔을 때 딸은 자신이 의존 관계에 있었던 시절, 그러나 너무 빨리 빼앗긴 그 시절이 그리워 어머니를 붙잡고 싶은 마음에 그녀에게 정성을 다 하려고 노력하는 일종의 역할 전도 현상을 보였기 때문이다.

아이가 마주칠 수 있는 최악의 시련들 가운데 하나는 무시당한다고 느끼는 것, 버려진 아이처럼 살면서 자신도 모르는 어떤 잘못에 대한 책임을 자기 탓으로 돌리는 것이다. 아이가 그런 죄책감을 느끼는 것은 자신감과 자기 도취증이 결여되었기 때문이다. 이는 아이가 튼튼한 자아를 확립하기 위해 가장 필요한 것이다. 자아는 불확실하고 인정받기를 기다리는 상태에 있다. 인정받게 되면 견딜 수 없는 공백도 채워지게 된다.

다행히도 플로랑스는 초등학교에 들어가서 처음 몇 년 동안 그녀에게 소중한 후견인이 되어 준 한 젊은 교사에게서 감동받은 추억을 간직하고 있었다. 그녀에게는 남다른 의미를 지닌 그 따뜻한 도움 덕에 학업에 집중할 수 있었다. 많은 아이들처럼 그녀는 가정 안에서 뼈저리게 느낀 애정 결핍을 밖에서 보상받았다. 그녀는 무제한의 절대 자유를 갖고 있었기 때문에 그것을 누리기만 하면 됐다. 그녀는 정신적 좌절에 가까운 우울증을 극복하기 위해 항상 최선을 다해 싸워 왔을 것이다. 하지만 그녀가 도움을 청해 온 그 우울증은 이른 나이에 빼앗긴 어머니의 지지만이 치유할 수 있는 것이었다.

자기 자신에 대한 성찰을 통해서만 플로랑스는 자신의 고통스러운 과거에서 벗어나고 회복될 수 있었다. 아니면 적어도 그녀 안에 있는 소녀의 권리를 회복시킬 수 있었다. 그리고 그 다음엔 아내와 어머니로서의 미래를 편안하게 받아들일 수 있었다. 이제 그녀는 결혼했고 세 아이의 엄마가 되어 평온하게 교육에 전념하고 있다.

겁 없는 아이

욕구불만도 한계도 없이 지나친 자율성에 노출된 아이는 위험한 위반 사항들을 확대시킴으로써 끊임없이 더 큰 모험을 하고 싶은 유혹을 느낄 수 있다. 그리고 그것은 그 자신의 생명이 걸린 문제가 될 수도 있다.

열한 살인 로라는 어떤 사고를 일으켜 주변 사람들을 놀라게 하는 바람에 내게 의뢰되었다. 여느 때처럼 학교가 파한 뒤 혼자 집에 있을 때 그녀의 아파트 5층에서 건물 외벽을 걷다가 이웃 사람들에 의해 발견되었다. 깜짝 놀란 목격자들은 이 사실을 건물 관리인에게 알려서 가까스로 아이를 구했다.

그래서 나는 쉽게, 그리고 나이에 비해 놀라울 정도로 분명한 어휘로 자신의 생각을 표현하는 이 여자아이를 상담하게 되었다. 외동딸인 로라는 자신을 부모에게 '버림받은' 아이라고 생각하고 있었다. 로라의 말에 따르면 부모는 직장일을 위해 '어린 나를 유모 집에 보따리처럼 내려놓고 갔다'고 했다.

로라는 유년기 때부터 자신이 부모의 자유에 족쇄를 채웠고, 그들에게 제1순위였던 적은 한 번도 없었다는 느낌을 뼈저리게 간직하고 있었다.

로라는 통통한 몸매에 벌써 사춘기 전 단계에 접어들고 있어서 모든 점에서 나이보다 성숙하다는 인상을 풍기는 소녀였다.

아이는 자신의 단조로운 일과, 특히 학교에서 돌아온 뒤 오랜 시간 동안, 때로는 저녁 때까지 혼자 있는 생활을 운명론자 같은 어조로 설명했다. 혼자 남겨졌을 때 로라는 '엄청난 양의 파스타'를 삶아 혼자 텔레비전을 보면서 마구 먹어대는 것으로 허전함을 채운다고 했다.

"나도 어쩔 수가 없어요. 그래야만 엄마 아빠가 나를 잊은 것은 아닐까 하는 불안한 마음과 두려움이 가라앉거든요. 가끔 두 분이 전화를 걸어 저녁을 밖에서 먹고 들어오겠다고 하는 날이면 나는 엄마 아빠 얼굴도 못 보고 잠자리에 들죠."

표면적으로는 너무 관심을 쏟지 않는 부모 때문으로 보이는 로라의 외로움이 그 아이를 우울한 상태로 이끈 주범이고, 그것이 아이의 생명을 위험에 빠뜨리도록 유도하는 듯했다. 지난 번 엉뚱하고 위험한 모험을 감행했을 때처럼.

내가 충격을 받은 것은 자기 자신과 다른 사람들, 특히 또래 아이들을 바라보는 그 아이의 실망 어린 시선이었다. 또래 아이들 중 몇몇에 대해선 그 무사태평을 부러워하기도 했다. 왜냐하면 로라는 자신의 일을 스스로 책임지기 위해 아주 어린 나이에 그런 무사태평함을 버려야 했기 때문이다. 선택의 여지가 없었다.

로라는 부모의 존재라는 관점에서 특혜받았다고 평가되지만 동시에 자신에 비하면 너무 '아기 같은' 다른 아이들과 관계를 맺기가 어렵다고 말했다.

별거를 앞둔 부모와의 상담은 로라가 이야기한 것을 그대로 확인시켜 줄 뿐이었다. 그들이 자신들의 생활 리듬에 적응시키는 차원에서 딸에게 무엇을 요구했는가에 대해 완전히 무지한 것만 빼면. 그것은 무지였을까 아니면 무관심이었을까? 하지만 그들이 딸에게 겪게 한 위험, 그들의 자기 중심적인 생활과 스스로 일으킨 목숨을 담보로 한 몇 번의 사건들과의 명백한 연관성을 부모들이 전혀 모르는 듯했다는 점에서 그것이 무엇이었는지는 중요하지 않았다.

로라는 남자든 여자든 자신에게 관심을 보이는 듯한 어른의 조그마한 부탁도 물리치기 힘들며, 누군가를 위해 살 수도 있다는 사실이 너무나 감동적이어서 '아무나 쫓아갈 준비가 되어 있을' 정도라고 말했다.

엄마가 로라를 임신한 것은 하필 직장 경력에서 중요한 전환점을 맞이했을 때였다. 그녀가 오랫동안 바라던 요직으로의 승진을 위태롭게 만들고 싶지 않았기 때문에 임신했다고 해서 생활이 달라질 것은 없었다. 왜냐하면 그녀에게 임신은 당시의 제1순위가 아니었기 때문이다. 하지만 어쨌든 나이가 있었기 때문에 아이는 낳을 생각이었다.

남편으로 말하면 가정 생활에 할애할 시간이 거의 없었기 때문에 아이를 바라는 마음이 절대적인 것은 아니었다. 그들은 로라가 태어난 뒤에도 자주 바뀌는 직위 때문에 통근 시간을 줄이기 위해 여러 번 이사했는데, 그래서 로라는 유모들과 자주 헤어져야 했고 당연히 그들에게 애착을 가질 시간적 여유를 가질 수 없었다. 그들의 표현에 따르면 이 아이에게는 '아무것도 부족한 것이 없었다'(…) 물질적 차원에서는 물론 그랬겠지만 감정적 차원에 대한 이 아이의 욕구는 어땠을까?

사회에서 사람들의 관계를 지배하는 '느낌'을 희생시키고 '지적인'

것을 과대평가하는 이런 부모에 의해 감정적 영역은 부정되거나 부차
적인 것, 허약함의 표시로 간주되었다. 자신의 혼란을 조금도 내비치
지 말 것을 강요하는 이런 교육적 원칙에 갇힌 로라가 우울증의 명백
한 신호로 보이는 것을 부모에게 깨닫게 하고 경고시킬 방법은 직접
행동으로 보이는 것밖에 없었다.

이미 현실에 실망했고 또 명석했던 로라는 가족 구성원들의 공감이
나 자신에 대한 태도를 변화시킬 능력에 관해서는 아무런 환상도 갖
고 있지 않았다. 부모와 함께 해결책을 찾아보라는 나의 제안에 로라
는 이렇게 반박했다.

"부모님한테 말하는 건 아무 소용없어요. 두 분 다 내게 관심을 기
울일 시간이 없거든요. 항상 그래왔듯이 그분들은 내게 베이비시터를
고용해 주겠다고 제안할 거예요. 난 베이비시터라면 이제 지겹고 또
그럴 나이도 지났어요. 난 뭐든지 혼자 할 수 있고 그들보다 잘할 때
도 많아요."

역설적이게도 부모의 별거가 로라에게는 각각의 부모에게 특별한
자리를 차지할 수 있는 마지막 기회로 보였기 때문에 긍정적 의미가
없지 않았고 마지막 희망으로 여겨졌다.

하지만 고통이 오랫동안 지속되어 왔고 깊었기 때문에 청소년기, 그
리고 이미 희미한 윤곽을 보이기 시작한 그 아이의 정서적 경험과 관
련된 위험성에 관해 나는 비관적이 될 수밖에 없었다.

이러한 사실은 우리로 하여금 아동기와 청소년기의 정서적 발달에
서 위반 행위가 차지하는 위치와 의미에 관해 자문하게 만든다.

로라는 가장 기본적인 안전 규칙을 위반함으로써 부모에게 도전하

고 지금까지 보여 온 잘 적응하는 모습을 재검토하게 만들었는데, 그것은 아마도 부차적인 이득을 바라서였을 것이다. 그것은 한계가 부여될망정 자신이 부모에게 중요한 사람이 되는 것이었다. 왜냐하면 그것은 부모가 그녀에게 관심이 있다는 확실한 증거였기 때문이다.

그런데 로라에게는 아무런 감정적 보상이 없는 복종을 받아들일 이유가 더 이상 없었다. 왜냐하면 시간이 흐르면서 그 아이는 그것이 부모의 관심을 끌지 않는다는 확신을 얻었기 때문이다. 로라는 부모가 이미 베풀고 있다고 간주한 보호를 자기 식으로 호소했다. 그때부터 로라의 행동은 단순한 한계의 위반으로 해석되기 어려워졌고 최후의 구조 요청으로 보는 게 옳았다. 분별없는 위험한 짓을 감행함으로써 관심을 끌려는 필사적인 시도였다. 애정 결핍에 대한 느낌이 결국 그 아이의 자기 보존 본능을 앞서게 되었다는 점에서 이것은 큰 도박이었다.

로라는 제약도 한계도 잠재적 처벌도 없는 생활에서 부모의 이런 명백한 부재를 삶의 모호함, '무슨 짓을 해도 좋다' 는 일종의 허가로 느꼈다. 여느 아이들처럼 로라는 어떤 권위적 인물이 있어서 무슨 짓이든 할 수 있다는 자신의 느낌을 저지해 주기를 바라고 있었다. 왜냐하면 그런 느낌이 자신의 모든 좌표를 잃게 할 수 있다는 불안감을 느꼈기 때문이다.

'뭐든지 하도록' 내버려두는 부모들의 합의 형태가 아이들에게는 매우 해로운 것이 될 수 있다는 점에 유의해야 한다. 왜냐하면 아이들은 지지받는다는 느낌을 느끼고 과도한 충동(이것이 로라에게서는 자살 충동이라는 형태로 나타났다)이라는 함정에 빠지지 않기 위해 '한계' 와 '자율' 에 대한 상반되고도 중요한 욕구를 느끼기 때문이다.

게다가 가족으로부터 관심을 받아 본 적도, 진정한 대화를 해본 적도 없기 때문에 자신의 사회적 영역을 점차 확대시켜 나가는 경험을 해보지 못한 로라는 다른 사람들과도 그런 것들을 할 줄 몰랐다. 세상을 이해하는 그 아이만의 방식은 부모와 다른 사람들이 보기에 살기 위한 최후의 필사적 시도로 보이는 행동으로 변했다.

자신의 목숨을 거는 데까지 가는 것은 로라에게 '나는 위반한다, 고로 나는 존재한다' 는 말의 동의어였는데 사실 이런 경향은 모든 청소년들의 특징이라고 할 수 있다. 하지만 이것은 수용할 수 있는 범위 안에서의 경우다. 사실 불복종은 자율성을 증명하고 세상에 대해 비판적 시선을 유지하고 아이들과 청소년들이 흔히 놓이게 되는 무능력한 입장에서 벗어나기 위해서는 불가피한 것이다.

이것은 매우 광범위한 방법으로 표현되며 순전히 형식적이고 무해한 반대에서부터 가장 위험하고 극단적 위반들에까지 이를 수 있다.

역설적이게도 로라는 대개의 위반 성향에서처럼 부모의 지나친 권위에 반항한 것이 아니라 반대로 부모의 무관심에 반발한 것이었다.

여기서 우리는 두 가지 극단적인 상황이 아동에게는 동일한 결과를 낳는다는 것을 알았다. 아동이 제대로 성장하려면 지나친 권위, 그리고 가장 당황스러운 관용주의로부터 동시에 해방되어야 한다. 왜냐하면 두 경우 모두 아동은 주체로서 존중받지 못한다고 느끼거나 자신의 인생이 아무 가치도 없다고 여길 수 있기 때문이다.

따라서 아동이 자율화라는 건설적 체험들을 겪고 부모의 감시에서 벗어나려면 그가 가정에서 차지하는 자리와 그의 인격체에 대한 양질의 애정적 관심이라는 면에서 '확신' 을 얻을 수 있어야 한다.

7

사소한 그러나 하찮지는 않은 것들

"우리는 아니라고 말하기 위해, 사람들의 생각
이 머릿속에 들어오도록 내버려두지 않기 위해 머
리를 흔든다."

자크 프레베르

이 시대 아이들과 부모들의 생활 방식을 보면 우리는 모든 것이 아
동의 자율화를 촉진시키기 위해 설치되어 있는 것을 보고 충격을 받게
된다. 우리는 몇 가지 예를 제시할 것인데, 이는 물론 사소한 것들이
긴 하나 많은 의미를 지닌 것들이다.

등 돌리기

"아기 혼자서는 존재할 수 없다." 위니코트는 이렇게 썼다. 그는 그
문장을 통해 아기는 어머니 없이는 생각될 수 없다는 것, 그리고 두
사람이 고유한 자율성을 지닌 이원적 실체를 형성한다는 것을 알리고
자 했다. 아기는 두 팔로 안아 주고 젖만 물리면 생존하고 만족감을
느낄 수 있다.

아기를 운반해야 할 필요성에 부응하기 위해 우리는 오래전부터 아기를 등에 업어 온 모든 전통 사회들과 달리 팔로 받치지 않고도 앞으로 안고 다닐 수 있는 아기띠를 발명했다. 그 결과 아기는 자신을 안은 어른의 가슴에 코를 박고 있게 되었고 그와 신체적으로는 가까이 있지만 세상을 바라볼 수는 없는 자세가 되었다.

하지만 카트린 돌토가 강조한 대로 우리는 아기띠로 안았어도 한 손으로는 아기의 엉덩이를, 다른 한 손으로는 머리를 지탱해 줘야 한다. 그러지 않으면 아기는 품에서 떨어져 대롱대롱 매달린 상태가 되기 때문이다. 이것은 운반 수단이 아니며 다만 이를테면 손에는 다른 것을 쥔 채 아기를 무릎에 올려 놓고 돌볼 때, 또는 깨어 있는 시간이 충분히 길어져 자신을 안은 어른에게 등을 기댄 자세로 머리를 돌려 세상을 바라볼 수 있게 되어 아기를 산책시킬 때에는 상당히 유용한 보조 수단이 될 수 있다.

한편 아기 바구니는 아기의 안전과 안락함뿐 아니라 부모, 특히 시설에서 아이를 맡은 사람들을 위해 구상되었다. 이것을 이용함으로써 우리는 '아기를 어느 곳이든 데려갈' 수 있게 되었다. 이동시킬 때 이것은 거북처럼 일종의 보철 용기인 조가비 모양의 껍질을 달고 다니는데, 그 안에서 아기를 먹이고 재우고 구경시키고 놀리고 산책시킬 수 있는 등 너무나 편리하기 때문에 많은 부모들은 이것을 꼭 필요할 때만 사용하지 않고 거의 언제나 아기를 그 안에 놔두고 있다. 이는 아기로 하여금 안전한 상태에서 자율성을 찾도록 자극하는 많은 중요한 점들을 망각하는 행위이다. 우선 자세의 변화가 아이의 하루에 리듬을 준다는 사실. 그 다음엔 이 의자가 언뜻 보기에는 안락하고 몸에 맞게 만들어진 것 같지만 팔과 머리만 움직일 수 있기 때문에 탐색하고 움직이고 싶은 아이의 욕구를 충족시켜 주지 못한다는 점이다. 사실 아기가 자신의 모든 신체적 가능성을 시험해 보기 위해서는 바닥에 누워 있어야 한다. 그러면 아기는 조금씩 몸을 뒤집다가 다음엔 앉고 길 수 있게 된다. 너그러운 시선의 어른이 옆에서 지켜보는 가운데 마음대로 움직일 자유를 누릴 때 비로소 아기는 자율성과 자신감을 갖게 된다. 그것은 어떤 의자도 해줄 수 없는 일이다. 아이가 말없이 요구하는 것은 '나 혼자 하는 것을 봐 달라'는 것이다. 담요 위에서 주위에 놓인 물건들에 집중한 아기를 볼 때, 그리고 그것들을 붙잡기 위한 아이 몸의 움직임을 발견했을 때 우리는 바구니 안에 있을 때 아기가 빼앗기는 것이 무엇인지를 더 잘 이해할 수 있다. 이런 부속물은 사람들과의 접촉에 대한 욕구도, 이동에 대한 욕구도 충족시켜 주지 못한다. 사실 이것은 어른의 욕구에 아이를 복종시키는 것이다. 어른들은 이 물건의 '편리한' 점 덕택에 구속에서 벗어났다고 믿지만 역설적이게도 그것은 아이를 어른에게 의존하게 만든다. 아주 어릴 때부터 주변을 눈으로 뿐만 아니라 가능한 모든 정신운동성을 가지고 탐색할 자유를 누려온 아이[20]는 기본적인 안전 감각과 탁월한 자발적 능력을 발휘할 것이다.

아기에게는 이런 발견의 순간들과 사람의 몸만이 제공할 수 있는 부드럽고 활기찬 온기 속에서 이루어지는 신체적 접촉이 번갈아 가며

---

20) 나는 젊은 부모들에게 로크지 탁아소의 실험에서 영감을 얻은 두 권의 책을 열렬히 권하고 싶다. 미셸 로르 박사의 《내가 제 자리를 잡고 유아로서의 기준을 찾을 수 있도록 도와주세요 *Aidez-moi à trouver mes marques, les repères du tout-petit*》(알뱅 미셸 출판사, 1999년)와 샹탈 드 트뤼시 르느뵈의 《당신 아이의 자각, 활기차고 느긋한 아기를 위하여 *L'Éveil de vorte enfant, pour un bébé actif et détendu*》(알뱅 미셸, 1996년, 2002년 1월 개정판이 나왔다)가 그것이다.

주어져야 한다. 우리는 '나쁜 습관'을 들이지 않는다는 구실로 아주 어릴 때부터 어른에게 다가오기를 포기하도록 조종할 수 있다. 주위 어른들의 시간적 여유가 제한될 때에는 특히 '환상에 현혹시키지' 말아야 한다. 우리는 거리감을 없애 주는 위로가 담긴 말 한마디의 역할은 당연히 강조하면서도 아기가 열광하는 육체적 대화의 중요성은 너무나 쉽게 잊어버린다. 그것이 아기에게 얼마나 큰 안정감을 주고 기쁨을 안겨 주는지를 말이다. 신체적 접촉 속에서의 이동이라는 아기의 원초적 욕구를 보호해 줄 만큼 비산업화된 전통 사회는 이제 더 이상 찾아볼 수 없다.

아이가 앉는 자세를 취할 수 있게 되자마자 타게 되는 일부 운송 수단들도 마찬가지이다. 이때도 아이들은 어른에게 등을 돌리고 앉아야 한다. 그 무엇과도 바꿀 수 없는 감정적 합의, 친밀함으로 이루어진 시각적 세계를 빼앗기게 된다. 이는 아이의 호기심을 충족시키고 미래의 능력을 발전시키기에는 너무 좁은 것으로 간주되는 모양이다. 하지만 함께 있을 수 있는 시간이 점점 줄어들 때, 보육 기관과 보모와 집을 오가는 시간들 또는 산책하는 시간들은 관계를 회복할 수 있는 소중한 기회이다.

거리의 소음에 가려지지 않을 때 아이가 얼굴 없는 목소리, 어머니나 아버지의 화면 밖 목소리를 들을 수는 있지만, 그리고 아이가 어느 정도 공격적인 형태를 취할 때가 많은 이런 환경과 친숙해져야 할 필요가 있긴 하지만, 우리는 아이가 이렇게 낯선 세상과 정면으로 마주하고 있다고 느낄 때 특히 자신을 지켜 주는 어른의 따뜻한 시선에 마음이 진정되지 않았을 때 어떤 고독감을 느낄지에 대해 자문해 볼 수 있다.

유아들이 자신을 둘러싼 세상을 탐색하기 위해 혼자 움직일 수 있을 때까지는 그 아이가 의존하는 어른이 세계의 중심이며 그 어른을 기준으로 삼는다는 것을 기억하는 게 좋을 것이다.

이런 예들을 늘어놓는 것은 다정함과 친밀함이 가져다 주는 것보다 더 유익한 것으로 잘못 간주되고 있는 경험들에 유아를 너무 일찍 노출시키는 유감스러운 추세를 구체적으로 드러내기 위한 것일 뿐 다른 의도는 없다. 그것은 기본적인 욕구인데, 우리는 우리의 생활 방식과 독립에 대한 우리 자신의 욕망 때문에 그것을 잊어버리는 경향이 있다. 하지만 이는 훗날 아이가 아주 어릴 때 누린 이 안정감이라는 토대에서 실질적 자율성의 소중한 자원들을 발견한다는 것을 과소평가하는 행위이다.

젖병을 빨 때부터 여행하기, 또는 좌표의 중요성

요즘은 부모들이 아주 어린 자녀, 때로는 아직 젖도 떼지 않은 자녀를 그들의 여행 계획, 때로는 지구의 반대편까지 가는 여행에 동반시키는 것이 새로운 풍조이다.

부모들은 아이에게 의미 없는 이별을 경험시키지 않고 그들 곁에 두겠다는 가상한 염려 속에서 어린 자녀를 익숙한 것들로부터 떼어 놓는다. 그리하여 아이는 철저히 낯선 환경에서 사전에 적응할 기회도 전혀 없이 어떤 베이비 클럽이나 익숙지 않은 말투의 다른 유모에게 맡겨지게 된다.

함부로 옮겨진 이 낯설고 불안한 세계에서 몇 가지 좌표를 만들기

무섭게 아이는 새로운 여행을 위해 다시 떠나야 한다. 익숙한 것들과 또다시 헤어져야 하는 것이다!

사실 아기는 어른들만큼 이국 취향 욕구를 느끼지는 않는다. 따라서 아기에게 갑작스런 환경의 변화를 강요하는 것은 커다란 적응 노력을 요구하는 행위이다. 이것은 그토록 이른 나이에는 필요치 않은 경험에서 끌어낼 수 있는 이득에 비하면 지나치게 큰 노력이다.

설령 부모의 기분 전환 욕구가 이해될 수 있다 하더라도 아기의 우선순위가 부모의 우선순위와 다를 수 있다는 생각을 받아들여야 할 것이다. 그리고 만일 아이를 일찍부터 잘 적응하는 아이로 만들겠다는 부모의 교육적 계획이 그 자체로서 옹호된다 하더라도 모든 일에는 나이가 있다는 것을 인정해야 한다. 적어도 만 두 돌이 될 때까지 아이에게는 특히 안정이 필요하며 그래야 내면적 안정감도 보장받을 수 있다.

이것을 인정할 수 있는 부모라면 틀림없이 여행에 대한 욕구를 훗날, 즉 아이가 커서 아이의 호기심이 경험의 영역을 확장시켜 줄 것을 요구할 때로 미룰 것이다. 유아는 온갖 감각들이 끝도 없이 풍부하게 내재되어 있는 자신의 일상적 환경을 탐색하기에도 이미 바빠서 그것들을 해독하고 정돈해야 갈피를 잡을 수 있다. 새로움으로 가득 찬 세상을 참고하면서 자신을 형성해 나가는 것은 물론 아기에게는 모든 것이 새롭기 때문이지만, 그것은 아기가 반복되는 단절과 서두른 적응에 의해 너무 불안을 느끼지 않고 여유 있게 통합할 수 있는 새로움이다.

노에미는 생후 7개월 때 부모와 함께 먼 곳에 있는 어떤 섬으로 일주일간 휴가를 갔다. 아기는 생활 리듬의 변화에 본능적으로 적응하는 듯이 보였고 다가오는 모든 사람들에게 붙임성 좋게 굴었다. 젊은 여교사에게 맡겨졌을 때에도 조금도 주저하는 태도를 보이지 않았다.

부모와 떨어져 있는 시간이 많이 길어질 때에도 가벼운 불안만을 드러내는 항상 기분 좋은 이 아기에 대해서는 주변의 칭찬이 끊이질 않았지만 역설적이게도 부모는 아기와 떨어지지 않기 위해 노에미를 여기저기 데리고 다녔다.

그런데 휴가에서 돌아왔을 때부터 상황이 나빠지기 시작했다. 이런 연속적인 변화로 인해 안정을 잃은 네오미가 수면 장애로 자신의 혼란을 표현했다. 방갈로에서 부모와 함께 지내던 네오미는 전에는 익숙했던 자기 방으로 다시 돌아가야 한다는 것을 견디기 힘들어했다.

네오미는 혼자 잠들기를 완강히 거부했고 매시간마다 깨서 부모가 와줄 것을 큰 소리로 요구했다. 네오미는 부모가 마지못해 자신을 침대에 들여야만 조용해졌다.

딸과 함께 온 이 얼빠진 부모에게 휴가의 즐거움은 순식간에 사라져 버렸다. 겉으로는 적응한 것처럼 보여도 버려질지 모른다는 두려움만을 간직할 정도로 혼란스러웠던 것으로 보이는 어떤 사건에 대해 노에미를 안심시키려면 어느 정도의 시간과 공동의 노력이 필요할 것이다. 휴가에서 돌아왔을 때 노에미가 밤마다 불안을 표현하고 안심시켜 줄 것을 요구하게 된 것은 자신의 모든 좌표를 잃어버린 것에 분리 경험이 더해졌기 때문이었다.

사실 아기는 자신의 주변 환경과 생활 리듬의 지속성에 기댈 수 있을 때에야 비로소 어머니와의 이별을 견딜 수 있다. 반복의 규칙성은 아기가 자신을 형성해 나가는 것을 돕고 쉽게 적응할 수 있는 변화들을 점차적으로 수용하게 만든다.

안정된 환경을 인정할 수도 믿을 수도 없게 된 상태에서 결국 네오미가 믿을 수 있는 유일한 좌표는 어머니밖에 없었다. 네오미는 '삶의 연속성'에 대한 느낌을 간직하고 싶기에 더 이상 어머니와 헤어지고 싶지 않았다. 아직 연약하고, 자신에게 부과된 변화들에 대한 대비가 아직 잘 되어 있지 않은 아기에게 이는 너무나 당연한 요구였다. 부모가 그 효과를 약하게 하려고 아무리 노력했어도 말이다.

착각하지 말아야 할 것은 아이에게 그가 헤쳐 나가야 할 변화를 예고해 주는 것이 아이에 대한 최소한의 배려이긴 하지만 그렇다고 해서 말의 효과가 보장되는 것은 아니라는 점이다. 말의 마술은 기계적으로 작용하는 것이 아니라 아직 정의하지 못한 다양한 기준들에 따라 효과를 발휘한다. 부모의 이야기를 아이가 얼마나 이해했는지를 누가 알 수 있으랴? 거기서 가장 큰 이득을 얻는 사람은 대개 부모 자신이 아니던가? "아빠는 규정대로 네게 미리 알렸으니까 이제는 네가 모든 것이 우리에게 가장 이익이 되도록 행해야 한다." 이런 것이 설명을 늘어놓는 이런 추세의 숨겨진 의미일 것이다. 그리고 그것은 부모의 죄책감이나 불안을 어느 정도는, 그리고 비교적 수월하게 덜어 준다.

유아가 적응에 어느 정도 어려움을 겪는 것은 피할 수 없으며 가정생활의 갑작스런 변화로 인한 절대적 필요성에 의해 정당화될 수 있다. 하지만 다급하게 결정된 돌연한 변경을 제외하고, 젖먹이가 행복하려면 항상 적응 기간이 필요하며, 이때 부모는 다시 한번 아이가 자신의 새로운 환경과 친해지기에 충분한 시간을 할애해야 한다.

부모는 아이가 이러한 환경의 변화에 대해 느낄 신뢰에서 특혜를 누리는 보증인으로 남을 것이 틀림없다.

학습과 자율성

올해 여섯 살 반 된 쥐디트는 1학년 선생님이 내준 숙제를 가지고 학교에서 돌아온다. 쥐디트는 꿈, 요정 이야기, 마법 등의 단어를 사전에서 찾고 설명해야 한다. 그런데 이 또래 아이들에게 이런 단어들이 반드시 낯익은 것은 아니라서 아직 어휘의 의미를 파악하기 힘들다는 점을 감안하더라도 쥐디트는 사전을 사용할 줄 모른다. 학교에서 사용법을 배우지 않았기 때문이다.

쥐디트의 엄마는 이것이 매우 당황스러운 일이라고 생각했다. 왜냐하면 만일 자신이 이 훈련을 도와주지 않으면 딸이 벌받을지도 모르기 때문이다. 이런 유형의 문제는 아이 혼자 할 수 없고 어른의 도움이 반드시 필요하기 때문에 부모는 교사뿐 아니라 아이도 대신해야 할 상황에 처하게 된다.

1학년 아이가 혼자 공부하기를 기대하는 것이 말이 되는 소리일까? 그저 부모를 끌어들임으로써 자녀와 더 깊은 관계로 만들려는 것이 아닌 이상. 만일 학교 공부의 목적이 부모를 동원하는 것이라면 이는 분명하다. 계약은 거짓으로 이루어져서는 안 되며 분명하게 맺어져야 한다.

사실 이런 '교수법'의 실천 효과는 두 배 빠른 가르침을 유도할 수 있다는 것이다. 일부 가정들은 그들의 자녀를 도울 수 있는 반면 다른 가정들은 그들의 문화적 차이, 또는 단순히 시간을 낼 수 없음으로 인한 무력함을 확인해야 할 것이다.

부재하는 부모의 대리인으로서 대학생 베이비시터라는 새로운 형태

로 가정교사가 다시 유행하는 것(재정적 능력이 허락한다면)은 우연이
아닐 것이다.

실제로 아이들은 '비록 네가 아직 충분히 성숙하지는 않았지만 그
래도 학업에서 너의 자율성을 증명해 보이라' 는 의무에 직면해 있다.
이 얼마나 모순되는 명령이란 말인가! 그리고 우리는 결정적으로 돌이
킬 수 없는 결함을 드러내는 '별로 자율적이지 않은' 형태의 생활 기록
부를 평가하게 된다. 초등학교나 중학교에 다니는 아이들의 대다수는
이 경우에 속한다. 이 아이들이 시간 계획을 짜고 과업을 처리하는 법
을 점차적으로 배우려면 어른의 도움을 받아야 한다. 그리고 아이가
어느 정도의 능력을 갖추게 된 다음에도 부모는 하나부터 열까지 도
와주지는 않더라도 아이의 학습에 계속 관심을 가져 줘야 한다. 너무
일찍 강요된 학업 면에서의 자율성 문제는 '튜브도 없고 수영할 줄도
모르는 채 깊은 물 속으로 들어가는 것' 에 비유할 수 있을 것이다.

부모가 자녀에게 물어보고 충분한 시간적 여유를 갖고 자녀의 말을
듣고 의논할 때, 반드시 성적표에만 집중된 것은 아닌 관심과 시간을
충분히 할애한다면 자녀는 부모가 요구하는 노력을 그만큼 더 잘 받
아들일 것이다. 하지만 혼동하지 말자. 1학년 때부터 교사가 집에서 할
숙제를 내주지 않는다면 부모는 성실성이 결여되었다고 보고 분개하
지만 이것은 착각이다!

또한 우리는 모든 아이들, 심지어 청소년들도 부모의 후원과 지지를
기대한다는 것을 인정해야 한다. 그리고 그것들을 받지 못할 때 그들은
즉시 자신이 버림받았다고 느끼며, '학생으로서의 직무' 에 정신 집중
하기를 중단함으로써 놀란 부모가 그들에게 관심을 기울이게 만든다.

어떤 면에서 보면 학업에 집중하지 않는 것은 오늘날 점점 더 빈번

하게 나타나는 증상이다. 이것은 아이가 부모에게 경고하고 부모를 동원하는 한 방법이다. 성적표가 좋은 핑계가 되고 있지만 부모가 숙제 외의 다른 활동들도 자녀와 함께한다면 아이들은 다시 학업에 열중하게 될 것이다.

함께 독서하기

아이가 밤에 책을 읽는 습관도 마찬가지이다. 아이가 이런 학습 방법에 조금이라도 익숙해지면 부모는 서둘러 아이가 '책에 몰두하도록'(현혹되기 쉬운 말이다) 내버려둔다. 하지만 아직 아이는 글의 미묘한 뜻을 흡수하고 자신의 감정을 말로 표현할 수 있을 만큼 충분히 성숙하지도 않았을 뿐더러 이 경우 특히 부모라는 존재가 주는 기쁨, 그리고 이 특별한 순간과 결부된 정서적 공모도 빼앗기게 된다.

이렇게 일찍 '내버려두기'의 위험 중에서 가장 빈번하게 목격되는 것은 아이가 독서에 열중하지 않는 것이다. 마치 아이가 갑자기 부모의 관심에서 멀어진 것처럼 느끼기라도 하듯. 독서가 아버지나 어머니의 든든한 동반이라는 부차적 혜택을 더 이상 제공해 주지 않게 된 것이다. 사실 혼자 읽고 싶은 마음이 생기려면, 그리고 책의 내용을 이해하지 못할까 봐 두려워하지 않고 책을 통해 자유로워질 수 있는 능력이 생기려면 부모의 든든한 동반이 필요하다.

바쁜 부모라면 자녀와 번갈아 큰 소리로 책을 읽자고 제안하면 된다. 이런 공동 독서는 개인 독서로 넘어가는 유익한 중간 단계이다.

게다가 부모들은 아이가 곧 '혼자 읽을' 수 있다는 것을 넌지시 암시

함으로써 아이로 하여금 이런 학습 방법으로 노력하고 싶은 의욕을 고취시킬 수 있다고 생각한다. 이것이 때로는 아이에게 두려움을 야기해 자신의 역량 발휘를 포기하게 만들 수도 있다. 사실 아이에게 중요한 것은 스스로 독서할 수 있는 능력을 획득하는 것이 아니라 부모 곁에서, 부모와 함께 하는 시간을 잃어버리지 않는 것이다. 왜냐하면 아이는 아직도 자신이 부모에게 속해 있다고 느낄 필요가 있기 때문이다.

아이가 혼자 책을 읽어야 하는 상황에 놓이든 부모가 그들의 독서에 몰두하든 결과는 똑같다. 아이는 그것을 일종의 거리두기로 받아들인다. 그러니 유아들이 종종 옆에서 책을 읽으면서 결코 그 기쁨을 자신들과 나눌 수 없는 부모를 보면서 느끼는 무관심에 대해 불평해도 놀라지 말자.

아이들의 공모 요청을 어떻게 모른 척할 수 있는가? 아이들에게 이야기를 읽는다는 것은 많은 핑계들 중 하나에 불과하며 함께 읽은 이야기를 훨씬 뛰어넘는 어떤 기대에 대한 감동적인 상징이기 때문이다.

'함께 읽는 것'은 '함께 있는 것'이다. 아이들은 부모에게 많은 것을 요구하지 않는다. 이런 표현은 일상 생활 속에서 자녀들에게 그들의 존재를 정당화할 수 있는 모든 것에 유효할 것이다.

한 젊은 여인은 심리 치료 상담중에 자신의 어린 시절을 이렇게 회상했다. "나의 부모님은 자식들 때문에 그들의 삶을 희생하거나 그들 자신의 자유를 양보하기를 원치 않았어요. 이 모든 것이 자율성이라는 핑계로 행해졌죠. 여덟 살 때부터 부모님은 학교에서의 어려움을 나 혼자 떠맡게 했어요. 한 번도 나를 도와주거나 나의 실패를 염려하지 않았어요."

그들이 자신에게 모든 책임을 떠넘기면서 "네가 알아서 해라……"

했을 때 그녀는 매우 충격을 받았다. "부모님은 공부 면에서든 성적 면에서든 나를 도와주지 않았어요. 부모님은 내 실수를 비난한 적도 없지만 그것을 문제 삼은 적도 없어요." 그녀는 이렇게 덧붙였다. "부모가 자녀들을 마음대로 하게 내버려두면 자녀들은 반드시 가장 쉬운 길로 가게 돼 있어요. 그리고 노력할 의욕도 얻지 못하게 되죠."

역할과 세대를 혼동한 부모는 딸의 성적에 간섭하지 않겠다고 말했는데 어린 딸은 이것을 관심의 결여로 해석했다.

그녀는 이렇게 결론을 내렸는데 이는 어느 정도는 타당한 것이다. "부모들은 그들의 지원이 우리에게 얼마나 필요한지 잘 모르고 있어요. 유년기 때에는, 나아가 청소년기 때에도 우리가 자기 자신을 감시하기란 참으로 어려운 일이에요. 왜냐하면 우리가 대처해야 할 복잡한 일들이 이미 너무 많거든요……."

나는 이 말을 나의 아버지가 나의 프랑스어 작문 구상에, 그리고 훗날 철학 논술에 쏟은 관심과 결부시켰다. 내가 아버지에게 의견을 묻는 것은 일개 평범한 장인이었던 아버지에게 자신을 인정하고 더 높은 가치를 부여하는 행위였다. 아버지는 하던 일을 멈추고 내 말에 귀기울였다. 그리고 내가 정확한 표현을 생각해야 할 때 당신이 답을 찾아내면 스스로 기뻐서 어쩔 줄 몰랐다. 그것은 우리가 강렬한 암묵적 동조 속에서 서로 마음을 나누는 소중한 순간들이었고, 아버지도 나도 무슨 일이 있어도 놓치고 싶지 않은 순간들이었다.

오랜 시간 동안 계속된 이 체험을 통해 나는 아이들은 부모의 요구보다 한발 앞서가는 데에서 안도감을 찾는다는 확신을 간직하게 되었다. 단 이때 부모의 존재가 필요하다.

상담을 할 때 나는 일상 생활의 의무에 대한 각자의 입장을 규정하는 계약을 자녀와 함께 맺을 것을 부모들에게 권한다. 아이는 부모가 언급하기 전에 자신의 의무를 하기로 약속한다. 그런 다음 부모에게 자기가 한 일을 확인해 달라고 청해야 한다. 물론 이 합의는 문제를 일으키는 다른 모든 분야로 확대될 수 있다. 이는 아이가 자신과 관련된 일의 주인공이 되도록, 그리고 수동적으로 부모의 압력에 굴복하지 않도록 격려하기 위함이다.

부모의 집요한 명령을 예견하고 대비함으로써 간섭받는다는 불쾌감을 피할 수 있다는 사실은 아이에게 돌아오는 의무들을 통제할 수 있다는 상당한 기쁨을 준다. 이런 합의는 아이가 주도권을 쥐고 있다는 사실에 유리하게 작용하며 부모로 하여금 한계를 정하게 해준다. 한계가 정해지지 않으면 이것은 힘겹게 인식될 것이다.

하지만 어른들이 마치 노예처럼 아이에게 모든 시간을 내어 주는 것은 아이를 위해서도 건설적이지 못하다. 다만 필요할 때 아이를 위해 시간을 내어 줄 수 있다고 생각하는 것으로 족하다.

하지만 자율성의 의미를 오해해선 안 될 것이다. 아이가 '혼자 할' 수 있다고 해서 '혼자 있어야' 하는 것은 아니다. 아이는 본질적으로 자신을 보호해 주는 어른의 존재와 '근접' 해 있다는 사실이 안겨 주는 안전한 느낌을 요구한다.

화면들과 친구하다

아이들의 집중력이 점점 줄어들고 있다. 그래서 아이들의 주의를 끌기 어려운 것이 그 자체로서 하나의 사회적 징후가 되어 이와 같은 걱

정스러운 사실 앞에서 무능함을 느끼는 많은 교사들과 부모들을 걱정
시키고 있다. 아이들은 리모컨으로 텔레비전 채널을 이리저리 돌리고,
정신없이 빠른 속도로 쉬지 않고 펼쳐지는 분산된 이미지들의 시퀀스
를 연결하는 데 익숙하다. 그것은 아이들을 매료시키지만 아이들의 지
각 작용을 응집력 있게 만들거나 생각을 통합하는 데에는 전혀 도움이
못 된다. 오히려 그 반대이다. 거기서는 우연성이 모든 일을 지배하며
논리나 성찰은 찾아볼 수 없고 오직 그들의 반응성에만 호소한다.

아직 통합 능력이 취약한 어린이의 정신으로 그런 어지럽고 혼란스
러운 속도에 어떻게 저항할 수 있겠는가? 의미 부재를 보완하는 것이
헛된 일이 될 정도로 혼란스러운 감각만이 남은 그곳에서 말이다. 종
잡을 수 없고 막연하고 피동적이고 작위적이고 일시적인 것에 의해 좌
우되는 생각…….

돌봐 줄 어른이 없어 친구해 줄 것이 화면(텔레비전·컴퓨터 모니터)
밖에 없는 경우는 충격적이다. 이 활동은 사실 부모에 의해 방치된 텅
빈 공간 속에서 나타난다. 스스로에게 맡겨진 아이들이 가능한 한 가
장 적은 노력을 들여 그들의 사고 체계와 비판 정신을 동원하기 위해
마음껏 사용하는 시공간인 것이다.

최근 **TF1**(프랑스 공영방송)이 초등학생들을 대상으로 행한 여론 조
사에 따르면 아이들의 50퍼센트가 어른의 동반 없이 텔레비전 뉴스
를 본다고 한다. 따라서 그 아이들은 자기도 모르는 사이에 불안을 주
입시키는 영상들을 혼자 마주 대하고 있는 것이다. 서로 아무 관련 없
이 일렬로 전개되는 짧은 장면들 속에서 비디오 필름, 리모컨으로 채
널 돌리기 그리고 그것들의 자극적인 효과와 유사한 분산된 시간 속에
서 흔히 보게 되는 폭력적인 영상들. 모든 감정이 아이들을 통속화시

키는 데 기여하는 충돌 속에서 야기되는, 고독으로 형성된 교류 없는 세상에서 아이들이 뭘 얻을 수 있겠는가? 오직 옆에 있어 줄 수 있고 관심을 기울여 줄 수 있는 어른의 발언만이 그들에게 의미를 안겨 줄 때 의미의 본질적 결여에 의해 소외된 아이들이 어떻게 '스스로' 존재할 수가 있겠는가?

이런 종류의 영상들이 만들어 내는 의존 현상은 사적인 견해와 자율적인 사고를 허용하기에 충분한 집중력을 확립하는 데에 도움이 되지 않는다. 실제로 이 '채널 돌리기 로봇들'의 집중 시간은 너무나 짧기 때문에 그들이 재작동되려면 끊임없이 바뀌는 자극에 연결되어 있어야 한다. 이는 많은 아이들의 불안정성 또는 만성적인 과잉 흥분 상태를 통해 자주 포착되는 현상이며, 그로 인해 아이들은 상당한 지속성을 요구하는 활동에 집중하지 못하고 있다.

그렇기 때문에 사려 깊은 어른들이라면 응당 어린이와 청소년들로 하여금 우리의 일상 생활을 특징짓는 시간의 가속화를 반영하는 충복으로서 이런 대중매체 기술의 특별한 소비자 또는 '중독자'가 될 것을 선동하는 시대의 흐름에 관심을 가져야 할 것이다. 정보화의 속도와 그것의 즉각성은 깊이를 추구하는 모든 의도를 제거하고, 대신 더 이상 아무것에 대해서도 오랫동안 논의하지 않고 더 이상 아무것도 질문하지 않는 생각——아직도 생각이란 게 존재한다면——에 대한 일종의 '채널 돌리기'를 독려한다.

새로운 매체들과 그 매체들이 모든 형태의 선정적인 것들을 갈망하는 어린 소비자들에게 제시하는 오락 프로그램에 의해 자신들의 세계를 침범당한 아이들의 수동성이 증가하는 것은 이미 확인된 사실이다. 모든 것이 그들의 집으로 직접, 그리고 부분적으로는 아이들의 의지와 생각을 무력화시키는 복잡한 기기에 의해 미리 소화된 채 배달되므로 아이들이 외부와의 직접적인 접촉을 유지하는 데 필요한 인내심을 보여줄 기회가 점점 줄어들고 있으며, 이런 현상은 다음과 같은 말로 요약할 수 있다. "각자 자신을 위해, 각자 자기 집에서."

내 발언은 변혁을 거부하자는 게 아니다. 우리는 텔레비전 화면이 모든 자리를 차지하지 않는 아이들을 알고 있는데 그것은 그저 그들에게 다른 이야기 상대가 있기 때문이다. 문제는 아이들에게 다른 관계의 수단이 없어질 때 제기된다. 이 사실을 고려하면 이미지의 파괴적인 영향력을 억제하고 아이에게 명료하고 창조적인 생각을 되돌려 줄 수 있다.

어른의 존재에 대한 구조적 필요성을 추구하다 보면 우리는 아동의 언어가 단음절어로 되는 경향이 있고, 하나의 생각은 흔히 하나의 의성어나 의태어에 그친다는 사실에 의해 당황하게 된다. 실제로 대중 매체 특유의 표현 방식이 차차 절대적 본보기로 부여되었다. 불규칙하고 짧게 끊어지는 언어, 아이들의 몸에 밴 그리고 아이들로 하여금 미묘한 차이나 과도기 없이 하나의 생각에서 다른 생각으로 넘어가게 만드는 재핑 언어가 그것이다. 오늘날 아이들이 더 이상 글을 쓸 줄 모른다는 것도 알려진 사실이지만 또한 자기 생각을 말로 표현하는 기술이 점점 줄어든다는 것도 인정되고 있는데, 이는 아이들이 가까운 사람들과 생각이나 감정을 교환할 기회가 매우 드물기 때문이다. 이 것은 사회적 현상이다. 가정에서 우리는 강박적 과잉 행동 속에서 다만 같이 산다는 데 만족할 때가 많다. '각자 자신을 위해'라는 하나의 좌우명 아래. 우리는 타인에 대한 모든 관심이 제거된, 이런 자기 중심적 자율성의 형태를 받아들여야 하는 걸까?

미숙함에 대하여

유치원에서 고등학교를 졸업할 때까지, 교사들이 가장 즐겨 사용하는 평가들 중 하나는 '성숙함의 결여'라는 표현이다. 마치 모든 아이들에게 할애할 시간이 없다는 듯이, 마치 한 아이에게 제 나이대로 행동할 여유를 허락할 수 없다는 듯이. 이것이 어른들에게는 그들의 책임 아래 성숙해지는 이 번데기 상태의 아이들이 더딘 탈바꿈을 하는 데 필요한 보호를 거부하는 하나의 방식인 듯하다. 본디 유년기 상태를 구성하는 미숙함이 최선의 경우 존재할 이유가 없는 것처럼 단번에 추방해 버려야 할, 최악의 경우 최대한 빨리 강제로 처방된 자율성으로 치료해야 할 무슨 장애나 질병과 같은 것이란 말인가? 하지만 유년기 또는 청소년기에 내재된 미숙함은 일시적이고 임시적인, 그리고 오래 가지 않는 현상이기에 특히 더 소중한 상태이다. 이는 대단히 취약한 상태, 강렬한 삶의 충동에 사로잡히는 상태로 어른들은 그것을 지켜주고 유도해야지 조숙함에 대한 염려로 왜곡시켜서는 안 된다.

식물이 햇빛을 향해 똑바로, 그러면서도 자기 속도에 맞게 자라려면 버팀목이 필요하듯이 부모들은 자녀들의 버팀목 구실을 해야 한다. 일생 동안 아이는 그의 힘을 북돋아 주고 새로운 목표를 향해 나아가는 데 없어서는 안 될 환경을 기대할 수 있어야 한다. 그런 후원이 없으면 아이는 제멋대로 자랄 수도 있다. 이때 물론 버팀목이란 가장 이타주의적인 의미에서 교육자라는 것을 인정하자. 길들이거나 강제로 할 생각 없이 본보기를 제시하는 사람, 아이와 청소년의 독특함, 차이를 존중하되 그들의 미숙함을 자신의 욕망에 복종시키는 데 이용하지 않는 사람. 아이들에게 우리 어른들에 대한 존경심이 결여되어 있다고 불평하지 말아야 하는 것도 그 때문이다. 왜냐하면 이런 존경심은 부모와 자식 간의 관계에서 처음 형성되는 것이기 때문이다.

미숙함은 지나치게 자주 경멸적인 의미에서 고려되고 있지만 그것은 사실 과도기적 공백기, 훗날 갖게 될 어른의 성숙함을 구성하는 불가피한 과정으로 해석되어야 한다. 따라서 한 아이가 어른의 위치를 향해 더듬거리고 나아가면서 성장하고 전진하기 위해 차츰 의존을 포기하기로 한다고 해서 그 과정이 어떤 중요한 인정 없이 이루어질 수 있는 것은 아니다. 그것은 아이에겐 미숙할 수 있는 권리는 있지만 책임은 없다는 사실이다.

왜냐하면 D. W. 위니코트의 표현에 따르면 "미숙함을 고치는 방법은 시간의 흐름밖에 없다. 그리고 성숙함을 향한 성장은 시간만이 도와줄 수 있는 일이다."[21] 그는 미숙함을 건강한 상태를 구성하는 대단히 중요한 요소, 책임감 있는 사람, 우선 자기 자신에 대해 책임감 있는 사람이 되기 위한 완만한 자각을 도와주는 상태로 보았다. 그것은 더 많은 자율성을 향한 건설적 전진을 허락하는 조건이다. 어린이와 청소년이 모방, 어른과의 조숙한 동일시로 해석되는 거짓 성숙을 피할 수 있도록 경계를 늦추지 않는 것은 우리들의 몫이다. 거짓 성숙은 가짜 자아 위에서 건설되었기에 취약하지만 미래에는 커다란 영향을 끼칠 수 있는 습득 사항이다.

---

21) 도널드 W. 위니코트, 《놀이와 현실: 잠재적 공간 *Jeu et réalité: l'espace potentiel*》, 갈리마르 출판사, 1971년.

이례적으로 누나와 함께 온 아이를 보고 나는 그 아이가 학교 생활의 실패와 집중이 어려운 현실적인 고민 때문에 얼마 전부터 상담하러 오는 장이라는 것을 알았다.

장은 열아홉 살 된 누나가 자신의 상담을 지켜본다는 사실을 무척이나 중시하는 듯했다. 그것은 장의 고집 때문에 내가 허락한 일이기도 했다. 장의 누나는 동생의 치료에 관한 자신의 느낌을 기탄없이 털어놓았다. 누나의 말에 의하면 부모는 장을 충분히 돌봐 주지 못한다고 했다.

"장은 항상 잘못된 여가 활동에 몰두해 있어요. 전자오락을 하거나 텔레비전을 보죠. 때로는 엄마나 아빠가 전화할 경우에 대비해 자신의 휴대전화를 옆에 놓고 두 가지를 동시에 할 때도 있어요. 그래서 우리 부모님은 이런 나쁜 습관을 해결하는 데에는 정신과 병원에 보내는 게 최고라고 생각하셨죠! 두 분은 68세대예요. 정신분열증에 걸린 세대죠." 장의 누나는 그렇게 덧붙였다. "그분들은 가치에 대한 자신들의 주장은 망각하고 그들에게 이로운 것만 하시죠. 두 분은 가치를 존중하지 않아요. 두 분은 자식들을 돌볼 책임을 놀이방이라는 탁아소, 학교라는 탁아소, 심지어 전자오락과 텔레비전이라는 탁아소에 떠넘기는 것으로 만족하죠."

이에 관해 이 아가씨는 아이들에 대한 의무보다 경제적 이익을 중시하는 사회의 무책임성을 신랄하게 비난했다. 실제로 이 사회는 중독을 조장하는 강박관념적인 물건들만을 권하고 있다. 파렴치하고 냉정한 기업가들과 그들의 광고업자들은 가면을 쓴 채 다가오지 않는다. 그러기는커녕 그들이 만든 제품들——게임기, 인터넷 사이트, 또 다른 포켓몬들——에 아이들이 흠뻑 빠지게 만들겠다는 계획을 공개적으로 발표한다. 이러한 제품들에는 아이들뿐 아니라 그들의 부모까지 예속된다. 왜냐하면 어린 고객들을 대상으로 출시된 이런 프로그램들은 편리성을 향한 욕구를 불러일으키기 때문이다. 우리는 거기에 속지 말아야 한다. 따라서 그들은 일종의 교화, 인식 코드 속에 갇히게 되고 그것은 아이들을 획일화하고 그들의 창조적 자율성을 지키기 위해 이러한 관행에 저항하는 가정과 아동을 격리시킨다.

장은 로봇 조립을 계속하면서도 누나의 말을 한마디도 놓치지 않는 것처럼 보였다.

장의 누나는 이렇게 덧붙이며 타협의 여지없는 판단을 내렸다.

"부모들은 일에서 해방되어 좀더 많은 시간적 여유를 가져야 해요. 하지만 부모들에게 자식에 대한 권리가 있듯이 자식들에게도 부모에 대한 권리가 있다는 생각을 그들이 거부하는 한 귀가 시간이 너무 늦다고 불평하는 것은 아무 소용이 없어요."

그 아이는 단정적인 어조로 계속 말을 이었다. "이건 매우 나쁜 사회적 변화이고 이것을 힘들게 겪고 있는 아이들에게 심각한 영향을 끼치죠."

그리고 자신의 말에 좀더 무게를 싣기 위해 이렇게 말했다. "내가 하는 말은 진심에서 우러나온 거예요. 왜냐하면 나 또한 학교 생활에 실패했기 때문이죠. 나는 장보다 나를 더 믿지 못해요. 나도 그 때문에 고통을 겪었고 부모님이 내 생활에 좀더 관심을 갖고 나의 안전을 더 많이 염려해 주기를 바랐어요. 나는 아주 어릴 때부터 저녁이 되면 밖으로 나가기 시작했어요. 그러다가 내가 집에 들어가지 않아도 아무도 몰랐어요! 그땐 그게 좋았죠. 하지만 언젠가 내가 친구 집에서 방학을 보내고 있을 때 외출했다가 새벽에 돌아왔더니 내 친구의 아버지가 딸의 뺨을 때리는 거예요. 밤에 집에 돌아오지 않은 딸이 걱정된 거죠. 나는 그애가 부러웠어요. 그애 아버지는 조금 난폭하긴 했지만 딸이 자신에게 얼마나 중요한지, 그리고 자신이 딸에게 관심을 갖고 있다는 것을 자기 방식대로 알렸기 때문이죠."

그 아이는 자신의 유년기의 결핍을 언급하면서 자기 동생의 상황도 적절하게 표현하고 있었다. 아이들의 환경을 '애정이 결핍된' 세계로 변모시키는 부모라는 존재의 결핍 말이다.

"부모와 자식 간의 관계는 커다란 혼란, 교육의 근본적 좌표의 혼선, 전달의 위기의 원천으로 보인다. (…) 우리가 아이를 단순히 잘 발육 하나 지켜보고 고유의 잠재성을 촉진하기만 하면 되는, 이미 다 형성 된 하나의 개인으로 간주하는 것은 미성년자에 대한 후견 해제라는 의무를 위해 세상을 학습할 의무를 과소평가하는 것이다." 이렌 테리 는 그렇게 썼다. 그녀는 우리더러 "후견 해제라는 허황된 이름으로 아 이의 보호받을 권리를 약화시키는 모든 시도에 대해 경계하라"[22]고 이 르고 있다.

이런 관점에서 어린 아동에게는 '나는 누구를 위해 먹는다' 라고 말 할 누군가가 있으면 된다. 왜냐하면 영양 섭취는 감수성에 의해 큰 영 향을 받기 때문이다. 영양 장애가 차지하는 중요성이 점점 더 커지는 것에 놀라지 말자. 이는 청소년기도 마찬가지고 영양 장애가 점점 더 자주 나타나는 유아기도 마찬가지이다.

같은 맥락에서 모든 아동 또는 청소년은 자신의 노력과 학습을 격

---

22) 이렌 테리, 《현대의 부부, 친자 관계, 친척 관계: 가정과 생활의 변화 앞에서의 권리 *Couple, filiation et parenté aujourd'hui: le droit face aux mutations de la famille et de la vie*》, 오딜 자콥 출판사, 프랑스인들에 관한 자료, 1998년.

려해 주고 도와줄 누군가를 갈망한다. 실제로 한 아이에게 가족들의 무관심보다 당황스러운 것은 없다. 마찬가지로 어떤 금기들이 있을 때 처음에는 저항하다가 차차 순응하는 것이 아이에게는 가장 안심이 되는 길이다. 지나치게 큰 관용은 흔히 아이에게 무관심으로 해석될 우려가 있다.

비록 방법 면에서 이론의 여지가 있긴 하지만 장의 누나가 꺼낸 따귀 이야기는 책임을 맡은 부모의 권위에서 풍겨 나오는 안정감을 주는 감수성을 강조하기는 데에는 안성맞춤이다. 단 이 경우의 권위는 한나 아렌트의 표현을 빌리자면 '권력의 남용과는 다른 어른의 권위'이다.

보통의 경우와 다르고 즉흥적으로 성사된 이 상담은 장에게 예상 밖의 치료 효과를 가져다 줄 것이다. 실제로 이 아가씨는 자신의 남동생에게 친구이자, 부모라는 후원자의 대리인이 되어 준 동시에 가족의 기능에 대한 명석한 해석을 내린 덕에 자신의 증상에도 의미를 부여할 수 있었다. 그리고 누나가 자신을 이해한다고 느끼는 것, 같은 경험 속에 있다는 사실은 장으로 하여금 혼수 상태에서 벗어나 자신의 학업과 관련된 차원에서 더 노력을 기울이게 해줄 것이다.

'세상과 접속중인' 아이들의 거짓 자율성

오늘날 아이들은 어른들처럼 전세계와 접속할 수 있는 가능성을 갖고 있다. 팩스·휴대전화·텔레비전·인터넷은 이제 모두가 접근할 수 있는 커뮤니케이션의 매체로서 아이들에게 바깥 세상이나 가까운 사람들과 항상 교류할 수 있다는 느낌을 준다. 우리는 아이들이 가까운 친구들과의 일상 생활에서보다 이런 기술들을 통해 더 편하게 의사소통한다는 것을 인정해야 한다. 그런데 기이하게도 아이들은 이에 대해 불평을 터뜨리고 있다…….

이와 같은 이유에서 아이들은 어른들의 권위와 권력에, 강제는 아니더라도 적어도 설득에 덜 노출된다. 이런 수단들이 충돌을 피할 수 있을지는 모르지만 이것이 과연 진정한 커뮤니케이션일까? 혹 그들의 감성을 억압하는 하나의 방법은 아닐까? 핵심적인 것으로 축소된 이런 커뮤니케이션에는 대개 요약된 메시지밖에 남지 않는다. 모든 신체적인 근접성, 몸에 의해 제공된 이 특별한 공간 밖에서 이루어지는 메시지. 자기 자신의 코드를 가진 몸, 그곳에서는 눈빛·표정·몸짓·목소리의 억양 등 유아들 고유의 시원적 원시언어라 할 수 있는 이 모든 것의 폭넓은 미묘한 차이들을 통해 가장 섬세한 느낌과 감정들이 표현될 수 있다. 하지만 음성 언어에 접근한다고 해서 우리의 다양한 표현들이 제거되는 것은 결코 아니다.

이 새로운 방식의 커뮤니케이션 이야기로 돌아오자면, 그리고 그것을 우리의 관심 사항인 자율성에 대한 접근 속에서 다시 자리매김하자면 이런 상황에 처한 우리 아이들이 어느 정도 자율성을 갖게 되었는지를 명확하게 규정하는 문제가 제기된다.

만일 그들이 부모라는 존재가 결여된 것이 불만이라면(이는 부모들 자신이 인정한 사실이다) 이제부터는 항상 부모와 교류할 수 있다.

날이 갈수록 공중전화는 보기 드물어지고 있기 때문에 혼자 다니는 아이에게는 휴대전화가 하나의 안전장치처럼 느껴지는 게 사실이다. 개중에는 그것을 적절하게 사용하는 아이들도 있다. 하지만 다른 많은 아이들에게 이 작은 도구는 개줄, 부재를 보상해 주는 일종의 상징

적 탯줄처럼 여겨진다. 휴대전화가 있으므로 급히 연락을 취해야 할
필요가 있을 때 미루는 일은 있을 수 없으며 즉시 반응을 보여야 한다.
그리하여 아이들은 부모에게 시도 때도 없이 뭐든지 요청하게 되었
다. 그리고 한 발짝 물러서서 볼 수 있는 시간적 여유를 갖지 못한 채
모든 것을 즉시 해결해야 한다. 부모의 시간적 여유를 항구적으로 확
보할 수 있다는 적잖은 이득과 함께. 그런데 이는 바로 당연한 귀결이
다. 왜냐하면 아이들에 대한 통제권을 확보하기 위해 부모들은 스스로
그들에게 불리한 상황을 주도했기 때문이다.

그리고 이제 우리는 부모들이 함정을 알아차리고 '툭하면 방해받고'
나아가 '들볶인다는' 느낌이 드는 것에 대해 불만을 터뜨린다는 것을
알고 있다.

어머니의 손을 잡고 상담을 받으러 온 열 살 소녀 뤼시도 마찬가지
였다. 뤼시는 방과 후 부모가 귀가할 때까지 집에 혼자 있어야 한다는
사실로 인한 불안 때문에 온 아이였다. 저녁 때 부모가 집을 비워야 할
경우 뤼시는 도둑을 두려워했고 그것은 누군가와 함께 있을 때에도 마
찬가지였다.

뤼시의 부모는 딸의 불안을 덜어 주기 위해 그들 자신이 그렇게 하
듯 휴대전화를 사줬지만 엄마는 딸 앞에서 '그래도 하나도 나아진 게
없다고' 가슴을 쳤다. 오히려 정반대였다. 왜냐하면 이제 딸은 잠시도
쉬지 않고 항상, 심지어 쉬는 시간에도 전화를 걸어왔기 때문이다. 성
적이 좋거나 나쁘다고 말하기 위해, 다른 친구와 싸웠거나 실망했다고
말하기 위해.

어머니 왈, "딸한테 고문당하는 것 같아요."

뤼시의 미소. 그 아이는 그것을 정말로 즐기는 듯했다.

"하지만 휴대전화는 그러라고 만들어진 거잖아요. 내가 원할 때 언제 어디서나 엄마와 통화할 수 있도록 말이에요."

"하지만 때로는 일 때문에 회의에 참석해야 할 때도 있는데 바로 그때 네가 전화하면 엄마는 무척 난처하단다."

"그건 내가 알 수 없잖아요. 그럼 그땐 엄마가 휴대전화를 끄고 나한테 메시지를 남겨 놓으면 되잖아요."

"하지만 회의가 끝나서 너한테 전화를 걸어야 할 때 네가 수업중이어서 네 휴대전화를 꺼놓을 수도 있잖니."

"엄마는 내게 메시지만 남겨 놓으면 돼요. 그럼 나는 안심할 거예요."

나는 이 말도 안 되는 악순환의 맞물림에 어안이 벙벙해 있었다! 그것은 저녁 때도 마찬가지였다. 부모가 외출하면 뤼시는 확인해야 한다는 강박관념에 사로잡혀 목소리를 통해 자신의 존재를 끊임없이 강요했다. 사실 이 출구 없는 상황은 부모에 대한 뤼시의 진짜 염려를 감추고 있었다. 전에 가벼운 자동차 사고를 겪은 뒤부터 뤼시는 부모가 사라질까 봐 겁을 내고 있었다. 그래서 그들을 감시하기로 한 것이었다.

뤼시의 아버지와 어머니는 오래전부터 딸의 요구를 들어주기만 했지 딸을 안심시킬 수 있는 한계를 정해 줄 줄 몰랐고, 그 때문에 뤼시는 불안증을 겪고 있었다. 끊임없이 안심시켜 줘야 하는 딸의 욕구는 거기서 나왔다. 더 많은 자율성을 갖게 하기 위해 특별히 고안된 기구의 역설적인 사용에도 불구하고 그들 중 누구도 서로에게 의존하는 그런 상황에서는 눈곱만치의 자유도 누리지 못하고 있었다. 부모와 딸이 서로에게 전파시키는 불안과 싸우기에 적합한 방어 수단을 확립하려면 뤼시로 하여금 이 도구를 좀더 일관성 있게 사용하도록 권해야 할 것 같았다.

게다가 뤼시의 태도도 우연히 그렇게 된 것 같지 않았다. 내가 그렇게 생각한 이유는 다음과 같다. 어느 날 내가 대기실 문을 열고 뤼시의 엄마와 단독으로 상담했을 때 그녀는 휴대전화로 줄기차게 수다를 떨고 있었다. 그녀는 일어나 내 사무실로 들어오면서도 상대방과의 대화를 끝낼 기미를 보이지 않았고 내게 용서를 구하지도 않았다. 비록 내게 익숙지는 않지만 그녀의 평소 모습을 보여주는 그런 태도에 깜짝 놀란 나는 그녀가 커뮤니케이션의 규칙들을 딸보다 더 잘 준수하는 것 같지 않다는 것을 마음속으로 확인했다. 다시 한번 교육의 문제가 제기되는 순간이었다…….

지나친 희화에 빠지면 안 되겠지만 우리는 좋은 의도에서 모든 사람을 안심시키는 이런 새로운 습관이 아이를 좀더 자율적인 아이, 즉 예기치 않은 문제에 대한 해결책을 스스로 찾아낼 수 있는 아이로 만드는 데 보탬이 되지 않는다는 것을 인정해야 한다. 사실 원하면 언제든 부모와 통화할 수 있을 때 아이는 독립된 인간으로 서려는 노력을 기울이지 않게 된다.

올해 열 살 된 토마도 그런 경우였다. 토마는 스스로 원해서 일주일간의 테니스 연수를 떠났다. 테니스는 그 아이가 좋아하는 스포츠였다. 토마는 흥분한 목소리로 아버지의 휴대전화에 첫번째 메시지를 남겼다. "모든 게 잘 돼가고 있어요. 여긴 최고예요!" 가장 간단하지만 부모에게는 퍽이나 안심이 되는 메시지였다.

하지만 토마가 둘만의 휴가를 떠난 부모에게 지나치게 많은 몫을 할애했다는 것을 깨달은 다음날 사뭇 다른 어조로 두번째 메시지가 도착했다. 단체 생활의 규칙들이 토마에게 갑자기 극복할 수 없는 것으로 여겨졌다.

토마는 부모에게 당장 자기를 데려가 달라고 간청했다.

"여긴 끔찍해요!"

짐작대로 그것은 부모에게 죄책감을 느끼게 하려고 보낸 메시지였고 그 목적을 달성했다. 특히 어머니에게 그러했으니, 아들의 혼란은 어머니에게 극도의 충격을 주었고 부부의 휴가는 그때부터 위태롭게 됐다.

그러나 토마가 아내에게 미치는 영향력을 깨달은 아버지가 강력한 조치를 취했고 아들의 장난에 더 이상 놀아나지 않기로 결심했다. 그래서 그는 휴대전화를 껐다. 휴대전화가 토마로 하여금 자신이 선택한 것을 대처하게 하고 그것을 책임지게 하기 위한 확실한 해결책이라고 생각하던 그였다. 아들이 돌아왔을 때 부모는 기분이 풀리고 희열에 찬 표정의 아들을 만나게 된다…….

새로운 커뮤니케이션 수단들——휴대전화·팩스·컴퓨터——은 타인들과의 자유로운 결합을 가능케 하고 우리에게 자율적인 인간이라는 느낌을 주지만, 사실 우리는 항상 접속되어 있고 종속되어 있다. 우리의 자율성은 상대적이며 나아가 하나의 환상임이 밝혀졌다. 왜냐하면 이제는 만날 수 없다거나 즉시 알릴 수 없다는 것이 용납될 수 없는 일이 되었기 때문이다. 이는 직업적 관점에서 이렇듯 꼼짝 못하게 됨으로써 사생활도 침입당한다고 느끼게 된 수많은 어른들이 확인한 사실이다.

그리하여 휴대전화는 흔히 아이들을 부모와 연결하는, 그리고 아이들의 퇴행을 유발하는 새롭고 복잡한 '두두(doudou; 아기들이 항상 품에 안고 다니는 인형)'의 기능을 하게 되었다. 신체의 일부처럼 휴대전화를 지니고 다니는 부모와 자녀들은 새로운 고문 방식의 피해자일지 모른다. 실제로 휴대전화가 부모들을 안심시키고 그들의 부재에 대한 죄책감을 덜어줄지 모르지만, 항상 연락할 수 있다는 가능성은 역설적이게도 양쪽을 상호 의존적인 관계로 유지시킬 우려를 내포하고 있다. 때로는 부모들이 자신도 모르게 그들의 현실적 존재가 자녀에게 안겨 주는 질적인 측면보다 기계의 개입에 의해 가능해진 잠재적 존재의 양에 의해 더 많이 안심하는 경우도 있다.

한편 부모를 안심시켜 주는 정보라는 핑계로 휴대전화를 통해 부모의 명령을 위반하고 싶은 유혹은 아동의 안전에 해로울 수도 있다. 설령 항상 '연락 가능하다' 쳐도 아동이 있는 장소는 속일 수 있다. 아이에게 중요한 것은 부모를 걱정시키지 않는 것이고 부모에게 중요한 것은 안심하는 것이다. 거짓 보증이라는 대가를 치르고서라도 말이다. 결국 전화기에 의해 허용된 유일한 확신은 아이가 살아 있음을 확인하는 것이다. 이것만으로도 물론 대단한 확인이겠지만.

부모들은 아이들에게 이익이 된다는 핑계로 이런 방식을 조장하면서 그들 자신의 이득을 우선하는 것은 아닐까? 실제로 그들 사이에는 어떤 수상한 암묵적 동조가 형성되어 있고, 부모들의 지지를 업은 아이들은 어떤 죄책감도 느끼지 않고 그것을 태평스럽게 즐기고 있다.

8

자율화 과정

아동의 정서적 동행

모든 아이들은 특별한 순간들을 부모와 공유하고 싶어한다. 기쁨의 순간이든 노동의 순간이든. 자신을 돌봐 주는 어른들이 관심을 갖고 있다는 사실이 그들에게는 '상징적 도약대'를 의미하며, 아이들은 이를 바탕으로 자신감과 안정감을 갖고 새로운 경험들을 향해 달려갈 수 있는 것이다.

그것은 특혜를 누리는 아동보다는 어른들이 맡아야 할 역할이다. 지지를 보내는 존재의 역할인 것이다. 어려움에 처한 아이든 그렇지 않은 아이든 상관없이 수많은 아이들이 신랄하게 불만을 토로하는 것이 바로 이 존재의 결여이다. 이 욕구는 다정한 품안에 안겨 있음으로써 따뜻하고 가까운 관계에 의해 보호받는 느낌을 갖는 아기의 욕구와 비교할 수 있다. 아기에게 이 최초의 경험은 일생 동안 그의 준거로 남을 것이다. 또한 어른은 이 동행을 끝까지 중도에 멈추지 말고 아이의 나이에 맞는 건설적 존재를 제공할 수 있도록 주의를 늦추지 말며, 자율성 안에서 아이의 발전에 필요한 안전을 획득할 수 있게 해주어야 한다.

그런데 아동이 안정되고 원만한 성인이 되는 것을 도우려면 그 아이가 어른들의 끊임없는 관심의 중심이 되지 않도록 조심하는 편이 좋다. 왜냐하면 그렇게 될 경우 아이는 자신의 절대 권력을 확인받고 어른들의 조종자가 될 수 있기 때문이다. 꺾이지 않는 발작성 분노, 과도하고 절대적인 자기 중심적 요구들, 그리고 집 안에 있을 때나 밖에 있을 때 때로 아무 이유 없이 불쑥불쑥 나타나는 그밖의 독재적인 태도들로 상담실에 온 어린아이들이 그런 경우이다. 이미 엄격함과 너그러움 사이에서 선택할 때는 지났다. 왜냐하면 꾸지람과 규율이냐, 아니면 그 반대인 인내와 공감이냐 하는 것은 아무 소용이 없기 때문이다! 부모의 이해력과 상관없이 아동의 기분은 좋아지지 않는다. 그리고 아동을 진정시키기 위한 노력들은 상대방의 좌절감을 강화시킬 뿐이다. 지치고 무력해진 부모들은 흔히 아무것도 저지할 수 없는 이 비생산적인 싸움을 그칠 수 있다면 무엇이든 할 각오가 되어 있다고 말한다.

진 리들로프라는 한 미국 여성은 예콰나 인디언들의 집에 여러 차례 머물면서 '이 석기시대 부족' 안에서 나타나는 특별한 부모 자식 관계의 유형에 대한 면밀하고 적절한 관찰에서 영감을 얻었다. 그녀는 네번째 조사를 마친 후, 이 부족의 아이들 사이에서나 어른과 아이 사이에서나 충돌을 목격한 적이 한 번도 없다는 것을 깨달았다. "아이들은 서로 싸우지 않을 뿐 아니라 말다툼조차 하지 않는다. 아이들은 손위 형제들의 말에 즉시 그리고 기쁘게 복종한다. 밖에서 노는 동안 소리 지르고 웃던 아이들은 오두막집에 들어오는 순간 고요한 분위기를 깨지 않기 위해 목소리를 낮춘다. 아이들은 어른들의 대화를 절대 방해하지 않는다. 사실 아이들은 어른들이 있을 때에는 거의 말을 하지 않으며 주로 어른의 말을 듣고 음식이나 음료를 식탁에 갖다 놓는 등의 사소한 집안일을 도울 뿐이다. 억지로 복종하는 것과는 거리가 먼 이 어린 천사들은 태평했고 기분도 좋았다. 그리고 낙관적이고 협동적인, 행복한 어른으로 자랐다.”

예콰나 인디언 부족 어린이들과 서구 사회 아동들의 교육 차이가 거기에 있었다. 예콰나 부족의 부모들은 ‘아이를 중심에 놓지’ 않았다. 설령 아이가 아무 곳에서나 흥분하고 어른들의 모든 행동에 끼어들 때에도 아이에게 거의 관심을 기울이지 않는다. ‘아기를 돌보는 사람은 대부분의 시간을 아기 외의 것에 전념하면서 보내지만’ 항상 가까운 거리는 유지한다. 이 아이는 주변에서 다양한 방식으로 표현되는 삶과 활동들의 구경꾼이다. 지금 아이는 그 활동들에 간접적으로 참여하지만 커가면서 더 능동적으로 참여하게 될 것이다. 예콰나 부족의 어머니가 자기 아이를 탁아소나 베이비시터에 맡길 수 없다는 사실이 아마도 서구의 수많은 아이들에게는 부러운 특권일 것이다!

구경꾼되기, 그리고 아직 어릴 때까지는 품에 안기기. 이는 매우 필요한 단계인데도 우리 서구 사회의 아동은 이 단계를 빼앗겼다. 아이가 어른들의 삶으로부터는 완전히 배제된 채 관심의 초점이 되는 경우가 다반사인데 이는 어른들이 그들의 부재에 대한 죄의식에서 벗어나기 위한 보상일 때가 많다. 그리고 그것이 아동에게는 오해와 요구의 이유가 된다. 어떻게 보면 항상 호전적이고 주위 사람들과 충돌하는 서구의 어린이보다 예콰나 부족의 어린이가 더 문명인답게 행동하고 있다고 볼 수 있다.

사실 아이가 바라는 것은 어른이 태도를 바꿔서 '자신의 허락을 구하는 것처럼 보이지 않으면서 자신 있게 자기 일에 몰두하는' 것이다. "아이가 어른들의 행동을 배우고 싶어하고, 어른으로서의 활동에 집중한 어른 자체에 관심을 쏟고 싶어하는 한"[23] 말이다.

그런데 이 어른은 아이와 있을 때 어떻게 행동해야 하는지 전혀 모르고 오히려 아이가 이끌기를 기다릴 때가 너무 많다. 확신 없는 부모들을 마주한 아이는 누가 결정자인지를 알고 싶어 점점 더 안달하게 된다. 만 세 돌 이전의 유아는 침착하고 유능한 어른이 자신을 지켜주기를 기대하며, 부모가 상황을 통제하고 자신이 궁지에서 벗어나는 것을 도와줄 수 있다는 느낌을 가져야 한다. 그 자신이 안심하기 위해 어른의 단호함을 시험하고자 반항하는 태도를 보이는 것도 그 때문이다.

올해 만 두 살 된 남자아이인 로뱅은 어린이집에 완벽하게 잘 적응해서 그곳에서도 로뱅을 명랑하고 온순한 아이로 간주하고 있었다. 로뱅은 아버지든 어머니든 자신을 데리고 온 사람과 헤어질 때 아무런 어려움도 보이지 않았다.

그런데 어느 날 갑자기 차에서 내리기를 완강히 거부하고, 소리를 지르기 시작했다. 그리고 아이를 진정시키려는 어머니의 시도를 거부했다.

해결책이 없어 보이던 상황은 갑자기 영감이 떠오른 엄마가 아이에게 주차장의 기계에서 표를 뽑으라고 제안하자 갑자기 종료되었다. 아이의 화는 곧 진정됐다. 아이는 차에서 내려 돈을 집어넣고 주차권을

---

23) 진 리들로프, 《연속체 개념 *The Continuum Concept*》, 애디슨 웨슬리 출판사, 1986년.

뽑아 와서는 자기가 직접 자동차의 앞 유리창에 끼우고 싶어했다. 그럼으로써 아이는 평정을 되찾았고 단호한 걸음으로 어린이집의 문턱을 쾌활하게 넘었다.

이렇듯 엄마의 권위를 시험해 봄으로써 로뱅은 호락호락하지 않은 누군가에게 기댈 수 있다는 것을 확인하고 싶어했다. 자신이 야기한 대립 상황에 갇혀 버린 로뱅은 자신의 거부를 철회하는 법을 알지 못했다. 아이의 어머니도 자신의 목적을 포기하지 않고 그동안 로뱅이 여러 번 관찰할 기회가 있었던 익숙한 행동을 아이에게 시킴으로써 자신과 동일시될 수 있는 기회를 부여했다. 로뱅은 어머니와 같은 행동을 함으로써 자신의 약점을 건드리지 않으려고 조심한 이 적절한 해결책에서 진정한 위안을 느꼈다. 아이는 결정권이 자신에게 있다는 느낌을 받으면서 또한 어머니의 결정도 믿을 수 있다는 생각이 확고해졌다.

엄마는 강제적인 행동을 고려할 수도 있었다. 하지만 그녀는 아무도 체면을 잃지 않는 타협안을 선택했다. 아이를 안심시키는 권위자로서의 역할을 맡은 자신도, 독립에 대한 욕구를 인정해 줄 것을 바라는 아이도.

이때 주차권은 아이에게 주체적으로 행동한다는 느낌을 제공하는 '통행권'을 상징하는 동시에 어머니가 지지하는 자율성의 필요를 향해 나아갈 길을 제시하지 않았을까? 자신이 어른보다 강하기를 바라고 상황에 대한 통제권을 갖고 싶어하는 아이는 없다. 설령 있다고 해도 그 아이는 당황하고 공포에 사로잡힌 채 어른에게 그의 통제권을 되돌려주기 위해 무슨 일이라도 할 각오가 되어 있을 것이다. 그리고 이것은 결코 채워지지 않는 요구로 부모를 들들 볶을 정도로 폭군적인 자녀들에게 더 많이 해당되는 이야기이다. 어떤 부모들은 힘과 강제를 사용할 수밖에 없는 처지에 놓여 있다. 그들은 그렇게 하는 중에 아이를 조건화시키기 위해 아이 발달의 어떤 단계들을 위태롭게 할 수 있는데, 이는 안정되고 자율적인 자아에 접근하는 것과는 반대되는 것이다. 이렇게 어른의 무제한의 권능에 복종하는 아이들, 또는 미리 어른으로 간주되는 아이들은 훗날 정서가 불안한 또는 자립 불가능한 미숙한 인격체가 될 확률이 높다.

이것을 알게 된 부모들은 아이에게 한계를 정해 주는 것을 더 이상 겁내지 않는다. 왜냐하면 그런 부모는 자기 자신을 신뢰함으로써 아이도 신뢰하기 때문이다. 아이는 결국 마음도 편안해지고 깊은 안도감을 느낄 수밖에 없다. 인격의 성숙에 가장 중요한 것은 친밀함과 너그러움 속에서 각자의 공간을 존중하는 환경 속에 존재한다.

자율성과 불복종

과도한 방법을 써서 구속하지 않으면 어른에게 복종하지 않고 나아가 금기 사항을 무시하려 드는 것이 아이의 본성이다. 거기에는 일말의 기쁨이 없지 않다. 왜냐하면 위험을 경험한 적이 없거나 거의 없는 아이에겐 모든 것이 새롭고, 어른들과 달리 새로운 상황 앞에서 잘못하면 다칠 수도 있다는 것에 대한 두려움을 느끼지 않기 때문이다.

걷는 것이 어느 정도 수월해졌을 때 물웅덩이의 매력을 뿌리칠 수 있는 아이들이 과연 얼마나 될까? 두 발 모아 뛰어들고 싶은 유혹에는 저항할 수가 없다.

그리하여 이 두 살짜리 꼬마는 여름에 부모와 산길을 걸을 때 시냇

물이 흘러들어 형성된 작은 늪을 만났다. 아이는 늪을 발견하자마자 그 가운데로 통과하려고 했지만 그럴 수 없었다. 왜냐하면 아버지가 아들을 단호하게 저지하면서 아이가 무엇에 계속 몰두하고 있는지 깨닫지 못한 채 계속 길을 갔기 때문이다. 아이는 관심의 대상을 놓치지 않으려고 끈질기게 뒤를 돌아보고 있었다. 그리고 이 아이 또한 그토록 참을 수 없는 유혹을 쉽게 포기하지 않는 집요한 성격이었기 때문에 결국 아버지의 손에서 빠져나와 가던 길을 전속력으로 되돌아와서는 원하던 그 공간 속으로 두 발 모아 뛰어들었다.

아이가 흙탕물을 튀기며 너무나 기뻐했기 때문에 놀란 부모도 즐거워하며 이 규율 위반 행동을 중단시키는 데 그쳤고, 그래도 아이가 늪가에 머무는 것은 허락했다. 그럼으로써 부모는 아이에게 명령을 준수하면서도 물을 가지고 또 다른 체험을 해볼 수 있게 허락한 것이다.

조건부로 부여된 이 자유는 아이에게 다른 탐험들을 위한 풍요로운 공간을 허락했다.

수면에 활기를 띠게 하는 다른 방법은 무엇일까? 발을 사용하면 안 된다는 것을 잘 알고 있었던 아이는 멀지 않은 곳에서 작은 돌멩이들을 발견하고 던지면서 다시 흙탕물을 튀겼다. 그 다음에는 나뭇가지를 발견해서 물에 띄웠다. 그렇게 함으로써 아이는 주어진 한계를 넘지 않으면서도 물을 시험하고픈, 더 단순하게는 놀고픈 자신의 욕구를 만족시켰다. 부모와의 이런 타협은 모든 유아가 본래 가지고 있는 만족할 줄 모르는 호기심을 충족시키게 해준다. 이때 호기심은 아이의 흥분을 기꺼이 공유하는 부모가 격려의 눈빛으로 지켜보는 가운데 아이가 마음껏 사용할 수 있는 무한한 물 체험의 마당을 발견한다.

자율성과 호기심

아이는 자연스럽게 행동한다. 아이 때의 호기심을 온전히 간직할 수 있었던 존경스러운, 그리고 실제로도 존경받는 모든 과학자들이 그렇게 하듯. 그래서 아인슈타인 자신도 다른 많은 과학자들처럼 항상 취학 전 연령의 아동들이 궁금해 하는 질문들에 매료되어 있다고 말하곤 했다. 그는 아이들과 어울리고 싶어했고 자신이 아직도 고정 관념들에 거의 영향을 받지 않았다는 사실에 무척 감사하곤 했다.

과학자들처럼 아이는 관찰하고 자문하고 자신이 개입하면 어떤 일이 벌어질까 시험해 보기 위해 개입한다. 절대 지치는 법 없이 아이는 결과를 놓고 판단하고 어느 정도 숙련되기 위해 필요한 만큼 실험을 되풀이한다. 그리고 거기서 지식의 요소들을 끌어내어 제 것으로 삼고 정리한다. 그런 다음 아이는 다른 상황에서 그것들을 사용할 것이다.

아이는 그런 식으로 자기 자신의 힘으로, 그리고 때로는 부모의 명령에 불복종하면서 발전한다. 왜냐하면 부모는 하나의 금지령을 아이가 자발적으로 인정한 자명한 이치로 간주하는 데 반해 아이는 그것을 의미도 목적도 없는 것으로 대뜸 파악하기 때문이다. 아이에게 금지령의 의미와 목적을 설명하는 것이 필수적이고 중요하지만 그렇다고 그것이 항상 아이에게 설득력이 있는 것은 아니다. 왜냐하면 아이의 탐험심은 특히 행동 속에서 구체화될 필요가 있기 때문이다. 앎에 대한 충동은 대담하게 자신의 예감을 확인하는 쪽으로 아이를 이끈다. 그리고 아이는 운동 차원에서나 지적 차원에서 통제의 한 단계로부터 다른 단계로 넘어가기 위해 충분히 그렇게 할 수 있다. 스스로 선택하게 함으로써 아이는 자신의 개성을 형성하고 드러낸다.

앞에서 언급된 장면은 흔히 볼 수 있는 것이지만 부모의 태도에 대한 적잖은 교훈이 담겨 있다. 부모는 아이의 연령별 능력에 따라 자율화에 대한 욕망을 격려하기 위해 단호한 태도와 암묵적 동조의 태도를 겸비해야 한다.

왜냐하면 부모는 상황에 대한 통제권을 유지하고 아이의 안전을 도모하는 동시에 아이에게 새로운 상황을 만들어 줌으로써 적응력을 증진시키고 자신을 둘러싼 세상을 탐색하고자 하는 천부적인 성향을 격려해야 하기 때문이다. 아이의 주체적 행동을 지지하고 아이가 느끼는 감정을 공유함으로써 부모는 독립을 향한 발전 속에서 아이와 함께 유익한 공모를 만들어 내야 한다.

모든 아이는 태어나면서부터 자율성을 갈망한다. 중요한 것은 자율성을 재촉하는 것이 아니라 반대로 아이를 자기 속도에 맞게 거기에 접근하는 상황에 놓이게 하면서 '스스로 규제할' 수 있는 능력의 증거들을 제공하는 것이다. 이것만이 진정한 효과가 있는 규율인데, 왜냐하면 이때 아이는 단순히 명령에 복종하는 게 아니라 '자기 자신의 가치관에 따라 행동하고픈 내면의 욕구에 따라 움직이기' 때문이다. 하지만 이때 명심해야 할 것이 있으니 아이는 어른의 호의적인 시선 속에서 이 가치관들을 통합하고 자기 것으로 만든다는 것이다. 따라서 처음에 어른들은 아이가 실패했을 경우 죄책감을 안겨 주는 것을 피하고 모험을 감행해 볼 것을 격려해야 한다.

아이는 금지령이 일시적인 것들이고 나이가 들면 변한다는 것을 차츰 깨닫게 된다. 그리하여 서서히 자기 욕망의 주인이 되는 것, 자신에 대한 부모의 교육적 투사의 온순한 집행자가 되는 데 그치지 않는 것의 짜릿한 느낌에 익숙해질 수 있다.

베틸하임은 이에 대해 이렇게 썼다. "자기가 존경하는 사람들과 동일시함으로써 규범을 획득하는 것과 지나친 규율에 억지로 복종하는 것 사이에는 엄청난 차이가 있다." 여기에 나는 이렇게 덧붙이고 싶다. 이와 마찬가지로 자아와 타자를 존중하면서 자율성을 획득하는 것과 끝없이 자기 마음대로 해도 된다는 사실 사이에도 어마어마한 차이가 있다.

불복종에 관하여

방금 우리는 한 아이를 형성하고 하나의 주체로 만들어 주는 것이 무엇인지를 보았다. 그것은 바로 스스로 획득한 경험이다. 그렇게 하려면 부모는 자율화할 수 있는 아이의 타고난 능력을 믿어 줘야 한다. 자율화란 외부 세계와 자기 자신을 통제하면서 그와 동시에 발전하는 데 필요한 새로운 경험들을 시도하는 것이다. 만일 상황이 그렇게 되지 못하여 부모의 지지를 얻지 못하면 아이는 부모의 불안을 반박하기 위해 불복종할 가능성이 있다. 그리고 부모의 불안은 잘살 수 있는 자녀의 용기를 영영 앗아가기 쉽다.

그런데 아이를 어른의 권위에 의존하지 않게 해주는 아이만의 특성이 있으니 복종하지 않으려는 아이의 성향이 그것이다. 그것은 주어진 규칙의 타당성을 시험하는 아이의 방식이다. 이때 아이는 개인적인 해석을 통해 그렇게 하는데, 그것은 아이로 하여금 자신의 잠재력을 활용하고 그로부터 자신의 고유한 결론을 이끌어 내게 해준다. 그것은 말하자면 "나는 나 스스로 판단하고 싶다"는 내용이 될 것이다. 하지만 반대로 억제와 결부되어 아이가 지나치게 온순함을 보이는 것은 자율화 성향이 부족하여 마침내 모든 자발성을 금지하기에 이른 허약한 자아의 존재를 나타낸다.

부모들이야 어떻게 생각하건 아이에게서 나타나는 항의와 불복종은 건강한 정신 상태의 증거이다. 이것들은 두 살 된 아동에게서 나타나는 최초의 의지 표현이라는 것을 잊지 말자. 하지만 청소년기에 다시 한번 나타나는 이 대립——이는 이렇게 요약될 수 있다. "나는 저항한다. 그것은 지속된다. 고로 나는 존재한다"——에는 부모의 저항이 예상된다.

일시적이고 비교적 위험하지 않은 것이라면 불복종은 아이가 자신의 자아를 구축하는 것을 돕는다. 단 이것은 아이가 한계와 부딪칠 때에만 의미가 있다는 것을 명심하자. 사실 모든 게 허락된다면 누구에게, 무엇에게 반대하겠는가? 한계는 결핍이 아니다. 기꺼이 아이들에게 넘겨 준 자유의 범위 안에서 금지령을 위반하기 위해 구상된 불복종은 오히려 부모와의 암묵적 공모를 형성할 수 있다. 따라서 그것은 사회 생활의 법칙에 의해 강요된 학습을 완성하고 완화하는 성공의 수단이 될 수 있다. 반대와 불복종은 생각의 자율성으로 가는 길을 열어 준다.

자율성과 직관

벌써 밤이 되었는데 일곱 살 소녀가 바둑판무늬 앞치마에 장작을 가득 담고 지하실에서 올라와 정원으로 나오다가 방금 프랑스 남부를 침공한 독일군과 마주쳤다. 부모가 속한 레지스탕스 조직에 의해 남동생과 함께 유모에게 맡겨진 소녀에게 이것은 예상치 못한 대면이었다. 독일군 앞에 홀로 서게 되다니. 그들은 아버지가 있는 곳을 물었고 대답을 기다리는 사이에도 소녀를 날카로운 눈초리로 노려보았다. 소녀는 직감적으로 아버지에 대한 정보를 눈곱만큼이라도 흘리면 아버지의 목숨이 위태롭게 되리라는 것을 알았다. 그런 상황에 대해 다소라도 대비시켜 준 사람은 아무도 없었다. 그렇지만 소녀는 뜻밖에 침착한 태도로 이렇게 대답했고 이 일에 대해 그녀는 지금도 놀라고 있다. "아버지는 전쟁터에서 돌아가셨어요."

이는 물론 용감한 거짓말이었고 현실에 대한 정당한 위반이었다. 이것은 부모가 격려하고 지지한 자신감에 뿌리내린 것이었다. 항상 건설적이고 안정감을 주는 애정이 뒷받침되어 왔기에 이 아이는 부모가 자신에게 물려준 것을 내면화할 수 있었으니 그것이 바로 겁먹지 않기, 주눅들지 않기였다. 그 결과 소녀는 자신의 감정을 믿고 직감적으로, 그리고 어떤 상황, 심지어 예상치 못한 상황에도 잘 적응할 수 있는 능력을 지니게 된 것이다.

"*Sapere aude!*" 너 자신의 오성(분별력)을 사용할 수 있는 용기를 가져라. E. 칸트는 《지식이란 무엇인가?》에서 그렇게 썼다. 이는 생각의 독자성에 대한 분명한 초대로서 그것은 모든 인간이 타인의 간섭에서 해방되어 스스로 생각하고 행동으로 응답하게 해준다.

강요와 제약

　미숙하다는 이유로 어른에게 의존하는 아이를 마주했을 때 어른은 자신의 권위를 믿고 아이의 사적인 탐색에 동행하는 대신 대개 아이에게 '금지하거나 강요하는' 대안 중 하나를 택하는 데 그치고 만다. 그는 그렇게 하는 게 아이를 가장 나쁜 것으로부터 보호하는 것이라고 믿겠지만 사실 그것은 아이가 자신의 속도에 맞게 발전하고 자신의 고유한 창의성에 호소함으로써 스스로 해답 찾기를 방해하는 것이다. 왜냐하면 아이에게 철저히 명령에 순응할 것을 강요하면 훗날 어른이 됐을 때 그 아이는 정형화된 행동 성향을 보일 수밖에 없기 때문이다. 그것은 아이를 강제로 조종하는 행위로, 이는 자율성에 이르는 참다운 길과는 반대되는 것이다.

　사실 '제약' 이라는 말과 '강요' 라는 말은 다르다. 제약은 아이의 안전을 지키고 아이의 자유 공간에 표지판을 설치함으로써 다른 사람의 자유 공간을 침범하는 것을 막아 주는 것이다. 제약은 자신과 타인들에 대한 존중의 경계선이며 이는 사회 생활에서 반드시 필요한 것이다. 독단적 권위의 산물인 근거 없고 강제적인 강요는 아동을 마음대로 조종할 수 있는 대상으로 만들며 아동이 자신의 환경을 이해하고 통제할 수 있는 권리를 막는다. 강요는 오직 어른이 아이를 지배하는 데에만 도움이 될 뿐이다. 이는 어찌 보면 통제라는 목적의 노예로 만드는 것이다. 왜냐하면 아이들의 지칠 줄 모르는 호기심은 어른에게 귀찮은 것이기 때문이다. 사실 끊임없이 사람들에게 질문하는 아이들의 집요함은 두 손 두 발 다 들 지경일 때가 많다.

따라서 우리는 아이를 복종시키는 것, 다시 말해 아이를 계속 의존하게 만드는 것을 당면 과제로 삼는 교육과 믿음을 기반으로 하여 자율적인 인간으로 크도록 이끌면서 성숙해지는 것을 당면 과제로 삼는 교육 사이에서 선택해야 한다. 존중의 대상이 되어 보지 않은 아이가 어떻게 다른 사람을 존중할 수 있으랴? 이때 목적이 무엇보다 중요한데 그것은 이 일이 미래의 어른들, 나아가 그들이 책임질 사회의 선택과 결부된 일이기 때문이다.

자율성과 욕구불만

아멜리는 올해 네 살 된 소녀로 지시도 잘 따르고 창의성과 자율성을 발휘하는 등 유치원에 잘 적응하고 있었다. 그런데 아멜리는 어릴 때 빨던 가짜 젖꼭지에 아직도 많이 집착하고 있었다. 유치원에서 벗어나자마자 그것을 다시 찾았다. 이런 퇴행적 태도는 부모를 놀라게 했다. 왜냐하면 부모는 딸의 나이로 볼 때 그것이 없어도 될 나이라고 생각했기 때문이다.

그런데 어느 날 규범에 따라 딸이 이제는 컸고 그런 습관을 버릴 수 있다는 사실을 칭찬하는 부모 앞에서 아멜리는 보통 오리기를 할 때 사용하는 작은 가위를 재빨리 집더니 어떤 '희생적 충동'에 사로잡혀 가짜 젖꼭지를 잘라 버리고 말았다. 자신이 매우 자랑스러운 아멜리는 두 동강난 기념물을 부모에게 선물했고 부모는 진심으로 딸의 행동을 칭찬했다.

아멜리는 만족한 채 놀러 갔다. 하지만 갑자기 욕실에서 나는 딸의 울음소리를 듣고 부모는 매우 놀랐다. 욕실로 달려간 부모는 두 동강 난 가짜 젖꼭지를 들고 세면대 앞 받침대 위에 서 있는 어린 딸을 발견했다. 딸을 진정시키려고 노력하는 부모에게 아멜리는 절망한 목소리로 이렇게 흐느낄 뿐이었다. "아무리 해도 다시 안 붙어요……."

이 가짜 젖꼭지는 소녀의 유년기를 포기하는 것의 상징이었을까? 그런데 어원학에 따르면 모든 상징은 연결하는 능력, 함께 놓는 능력을 환기한다고 한다. 그리스어로 sumbolon은 '식별의 표시'라는 뜻이다. 즉 상징은 두 사람이 둘로 쪼개어 반씩 간직하는 물건이었다. 두 사람이 헤어진 뒤 다시 만났을 때 물건의 두 부분이 서로 꼭 들어맞으면 그것은 두 사람간의 관계를 확인해 주는 증거였다.

정서적 체험은 상징적 표현을 통해 나타날 수 있다. 아멜리에게는 그 가짜 젖꼭지가 어머니에 대한 의존적 관계와 부모의 바람대로 크고 싶은 욕망을 동시에 반영하는 물건인 듯했다. 아마도 무의식적으로 자신을 아기도 아니고 어른도 아닌 채 둘로 나누어진 존재로 느끼던 불안 속에서 자신의 유년기와 합류하는 것이 중요하게 여겨졌던 모양이다.

자신의 한계를 과대평가하긴 했지만 아멜리는 뜻대로 행동하면서 부모의 바람에도 순응했다. 그럼에도 불구하고 아멜리는 양면 감정 속에서 이 단계를 거칠 수밖에 없었는데 이는 너무나 당연한 것이다. 왜냐하면 한 단계에서 다음 단계로 가는 데에는 항상 미련이나 후퇴가 따르기 때문이다. 내가 '미뉴에트'라 부르는 것이 그것이다. 왜냐하면 앞으로 두 걸음 나아간 다음에는 뒤로 한 걸음 물러나기 때문이다!

자연스런 망설임은 어른들의 너그러움에 기댈 수 있어야 한다. 왜냐하면 어른들의 시간과 아이들의 시간은 똑같이 흐르지 않기 때문이다. 그렇기 때문에 아멜리가 태어날 때부터 부모가 부분적으로는 그들 자신이 편하기 위해 제안한——이를 잊지 말자——기쁨을 포기하는 것은 쉽지 않았다. 기쁨에 의존하다 보니 그로 인한 욕구불만이 갑자기 참을 수 없는 것으로 여겨졌던 것이다.

그렇지만 딸의 나이를 고려해 딸이 더 독립적으로 되는 길로 나아가게 하는 데에만 신경을 쓴 부모는 다른 많은 부모들처럼 행동했다. 그들은 협박이나 강제를 사용하지 않았지만 다른 사람들은 더러 그러기도 한다.

올해 두 살 된 남자아이인 폴은 최근 들어 잠들기가 어렵고 밤에 자주 깨고 먹기를 거부하고 전에는 좋아하던 놀이들에 무관심해진 문제로 상담실에 왔다. 이는 우울증을 연상시키는 목록이다. 장애가 나타나기 이전의 아이 습관에 대해 부모에게 질문하던 중 나는 아이가 태어난 직후부터 많이 울자 부모가 가짜 젖꼭지를 물려서 아이를 달래고 재웠다는 것을 우연히 알게 되었다. 그래서 나는 이 가짜 젖꼭지가 더 이상 그런 역할을 하지 못한다는 게 이상하다고 말했다. 그러자 부모는 아이가 두 살이 되는 날 그것을 빼앗기로 결정했다는 사실을 밝혔다. 왜냐하면 두 살은 '이해해야 하는 나이'라고 보았기 때문이다. 이런 이별을 받아들일 준비가 안 된 무력한 어린 주인 앞에서 가짜 젖꼭지는 함부로 쓰레기통에 버려졌다. 나는 장애의 등장이 그 사건과 연관 있다는 결론을 내렸다. 아이는 부모의 사려 없는 행동을 폭력으로 느꼈고 그것을 자신의 증상 속에서 표현한 것이다.

아멜리의 부모도 딸의 성숙도를 제대로 평가하지 못했다. 딸은 시간이 흐르면 결국 일종의 자율성에 이르게 되겠지만 아직까지는 가짜 젖꼭지가 주는 빠는 기쁨이 필요했다. 부모는 딸이 아주 어릴 때부터 잠들 때나 지루해할 때 말고는 가짜 젖꼭지 없이 지내도록 격려함으로써 아이에게 책임감을 불어넣었다고 했다. 그리고 아멜리는 자신의 문제로 남은 이 상대적 의존심을 통제하는 법을 매우 빨리 배웠다. 딸이 가짜 젖꼭지로부터 벗어날 수 있겠다는 가능성을 부모가 어렴풋이 느꼈다면 이제 그것을 떼겠다는 결정은 딸에게 달려 있었다. 이런 상호 존중은 아멜리로 하여금 조금씩 자기 검열을 경험하도록 이끌었다. 이는 물론 힘든 경험이고 자신에게 행하는 일종의 '거세'이지만 이것의 두드러진 부차적 이익은 더 많은 자율성을 향한 또 다른 단계로의 이행이 시작된다는 점이었다.

가짜 젖꼭지의 상실은 두 살 소년에게 더 큰 욕구불만을 안겨 주었다. 왜냐하면 이 아이는 과도 대상[24]에 해당하는 이 대체물에 아직까지 매우 의존하고 있었고, 그래서 그것의 사라짐을 상처로 받아들였기 때문이다. 이는 불안을 낳았고 여기에 부모의 몰이해에 내재된 모든 결과가 뒤따랐다. 아멜리의 부모가 자유 의지를 격려한 반면, 소년의 부모는 그들 마음대로 욕구불만을 강요했고 그 결과 소년은 아이로서 응당받아야 할 가장 기본적인 존중도 누릴 수 없었던 것이다.

아이가 성장의 한 단계에서 다음 단계로 넘어가기 위해서는 시간이 필요하며, 여기에 필요한 시간이 모든 아이에게 다 똑같은 것은 아니라는 것을 상기하는 편이 좋겠다. 각각의 아이는 성장이라는 행위에 내재된 포기와 거기서 비롯되는 향수를 자신의 속도로 받아들인다.

중요한 것은 아이가 당연히 받아야 할 존중이다. 이는 아이가 자신

---

24) 어린이가 어머니와의 구순적 관계에서 사물과의 관계로 이행할 때 선택하는 엄지손가락, 이불 끝, 봉제인형 따위의 물건.〔역주〕

의 의견을 분명히 드러내고 자신감을 가짐에 따라 애정의 대체물로부터 멀어질 수 있는 아이의 능력을 존중해 주는 것이다. 이것은 아이의 통합 능력에 따라 점진적으로 형성되며 아동의 정서적 심리 발달 각 단계마다의 고유한 성숙 과정 속에 포함된다. 더 넓은 자율성의 획득을 향해 전진하면서도 아이는 때로 지나간 시절에 대한 향수를 경험할 수 있다. 아멜리가 필사적으로 되찾고 싶어하던 것, 즉 방금 단념한 자신의 '아기' 같은 부분도 여기에 해당되는 것 같았다.

이는 많은 아이들이 겪는 일이다. 어느 날 저녁 아기 때 입던 잠옷에 달려든 루이의 경우도 마찬가지였다.

현실에 잘 적응한 이 열두 살 소년에게 갓난아기 때 입던 이 잠옷은 유년기의 상징이었다. 갑자기 이 잠옷을 보자 루이는 아기와 어머니의 완벽한 유대가 생각났고 감동한 나머지 눈물을 참을 수가 없었다. 그 장면을 목격한 어머니는 아들을 달랠 수도 이성적으로 생각하게 할 수도 없음을 느끼고 직감적으로 이 반응이 아이들 특유의 과거로의 복귀를 나타내는 징후라고 해석했다. 이는 이미 오래전에 포기해야 했던 어떤 상태에 대한 향수이기도 하지만 이혼하기 전이었던 부모가 둘 다 자기 옆에 있었던 어떤 시절에 대한 향수였다.

게다가 자신의 고통과 공명을 일으키는 아들의 고통을 깨달은 어머니는 그것을 비난하거나 별것 아닌 것으로 만들지 않으려고 조심했다. 그리고 그녀는 아들에게 잠자리에서 책을 읽어 줄까 하고 제안해 보기로 했다. 아들이 아주 어릴 때 그랬던 것처럼. 이 퇴행적 사건에 대해 너그러웠던 어머니는 이 과거의 의식을 일주일 동안 지속했다. 이는 루이가 자신이 자율적인 열두 살 소년이라는 사실을 새롭게 받아들이고 회복할 수 있는 자신감을 얻는 데 필요한 시간이었다.

위니코트의 말에 따르면 성장한다는 것, 그것은 필요한 포기들을 받아들이는 것이며 "탈선은 돌아갈 차표가 있을 때에만 이로운 것이다."

크리스마스 또는 꿈에서 현실로의 이행

때는 크리스마스 전야였고 엘리즈의 여섯 살 생일을 며칠 앞두고 있었다. 엘리즈는 11월에 초등학교에 입학했다. 다음 날 아침 일어났을 때 엘리즈는 산타 할아버지가 가져다 준 선물을 자랑스럽게 내보였다. 세심하게도 산타 할아버지는 지난 밤 직접 선물을 엘리즈의 손목에 채워 줬다. 엘리즈는 처음 시계를 차봤다. 평상시와는 다른 산타 할아버지의 이런 친절에 놀라는 가족들 앞에서 엘리즈는 긍정적이고 열광적인 태도를 보였다.

엘리즈가 왜 이런 태도를 보였는지는 쉽게 이해할 수 있다. 밤 동안 엘리즈는 누군가 자신을 깨우지 않기 위해 조심하면서 자신의 손을 만진다는 느낌 때문에 잠을 설쳤다. 처음에는 무서워서 꼼짝도 못했지만 어슴푸레한 빛 속에서 실눈을 뜬 엘리즈는 침대 곁에 무릎을 꿇고 있는 것이 엄마 아빠임을 확인하고 계속 자는 척했다. 그들이 멀어졌을 때 엘리즈는 팔을 더듬어 보다가 엄마 아빠가 방금 사용한 전략을 단번에 눈치챘다. 그들은 이 뜻밖의 선물이 산타 할아버지가 준 것이라고 믿게 하기 위해 그 역할을 하고 있었던 것이다. 그것은 엘리즈가 가진 최초의 진짜 시계였고, 그것은 아직도 유년기에서 이성적인 나이로 접어들었음을 상징하는 물건들 중 하나로 남아 있다는 것이 중요하다.

따라서 엘리즈는 '놀이를 따른' 것이었고 이는 아마 부모를 실망시키지 않기 위해, 그들의 계획을 망치지 않기 위해서였을 것이다. 엘리즈는 적당히 놀라는 척했다. 왜냐하면 밤 동안 느낀 인상이 아침이 되면서 희미해졌기 때문이다. 엘리즈는 산타 할아버지가 변함없이 존재한다고 믿는 '척' 했지만 사실 지난밤 엘리즈는 마법의 단계에서 현실의 단계로 이행한 것이었다. 엘리즈는 부모와 암묵적으로 공모하여 놀이를 한 것이다. 이는 양쪽이 함께 받아들인 환상이다. 왜냐하면 그 환상이 모두에게 기쁨을 가져다 주기 때문이다. 부모에게는 그들의 유년기에 대한 향수 어린 기쁨을, 엘리즈에게는 이미 위태로워졌기에 깨지기 쉬운 기쁨을. 왜냐하면 엘리즈는 곧 그것을 포기해야 했기 때문이다.

이제 엘리즈는 '알아 버렸지만' 유년기 특유의 경이로운 것에 대한 믿음의 순간을 계속 누렸고 즐거운 마음으로 거기에 멈춰 섰다.

엘리즈가 이런 환상 부분을 쉽게 포기하지 못한 것은 아마 유년기에서 험한 현실 세상으로의 이행 과정을 '믿는 척함' 이라는 일종의 상징적 가교를 통해 서서히 조정하기 위해서였을 것이다. 엘리즈는 산타 할아버지는 존재하지 않으며 두 세계는 서로 별개로 존재한다는 것을 어찔 수 없이 깨달았다. 소녀가 이런 자각을 소화하는 데에는 약간의 시간이 필요했다. 그리고 이런 정보는 이성적 차원의 삶을 제공한다.

엘리즈는 상상의 세계와 현실의 차이를 간파했다. 장차 이 아이는 몽상이 무엇인지를 자각하고 그것을 혼동하지 않게 될 것이다. 이것은 분명 이 아이가 정신적 독립을 체험하는 하나의 방식이다.

하지만 엘리즈는 부모의 주의 깊은 행동이 의미하는 애정의 증거를 누렸다. 왜냐하면 선물보다는 그것을 빛내 주는 가족의 다정한 분위기가 더 중요하기 때문이다. 선물은 이 아이에게 의미를 부여하고, 그것의 유효성을 인정하는 상징적 세계 안에서 어떤 비중을 차지하기 때문에 중요했다.

진실을 밝히려는 열망에 사로잡힌 어떤 부모들은 아이가 산타 할아버지를 믿게 놔두는 것이 비난받을 만한 '사기'라고 생각한다. 그 점에서 그들은 어른으로서의 이성적 관점으로 판단한다. 사실 그들은 신기함으로 점철된 자신의 어릴 적 세상과의 모든 관계를 끊어 버린 어른들로서, 그들에게 산타 할아버지는 현실의 제약에 대한 보상을 의미한다. "그런데 지나치게 일찍 하는 모든 경험들이 그러하듯 너무 일찍 이성을 갖게 된 아이는 인생에 의연히 대처할 준비를 잘 못하게 된다는 사실을 잊지 않는 것이 좋다."[25]

그리고 이야기의 폭을 넓히자면, 아이는 마법의 욕구에 대한 관대함과 나이에 맞는 감정적 공감을 경험했을 때 성장의 한 단계에서 다음 단계로 더 잘 이행할 수 있다는 것을 강조해야 한다. 왜냐하면 다른 사람들과 자기 자신에 대한 믿음은 이런 배려에서 생기기 때문이다. 어쩌면 엘리즈의 부모도 딸이 직감적으로 느끼던 것을 은밀히 확인할 기회를 제공한 것인지 모른다. 이것은 다른 많은 분야, 이를테면 성과 관련된 분야에도 해당되는 이야기이다. 아이는 자신의 독립성을 지키기 위해 모르는 척한다.

그리하여 이제 엘리즈는 내막을 알게 되었고 그것을 자신의 때에 맞게 최종적으로 포기하는 데 필요한 시간적 여유를 가졌다. 하지만 우

---

25) 브뤼노 베텔하임, 《수용적 부모가 되는 법, 놀이의 정신분석 *Pour être des parents acceptables, Une psychanalyse du jeu*》, 아셰트 리테라튀르, 1988년.

리가 꿈과 환상의 기쁨을 영원히 포기할 수 있을까? 그리고 엘리즈의 부모는 이 연극을 통해 그들 자신의 유년기를 다시 체험하고 거기서 딸을 공통된 상징적 관점에서 재발견한 것은 아닐까? 권위에 사로잡힌 부모와 어른의 힘에 의존하는 아이, 양쪽을 갈라 놓는 거리는 크리스마스날 밤에 사라진 듯했다. 상상의 영역에서 현실의 영역으로 이행함으로써 엘리즈는 믿는 척하는 것을 포기할 순간을 선택하게 했다. 이런 진실이 외부에서 부과되는 것을 거부하던 엘리즈는 한 단계에서 다른 단계로의 이행을 조절할 수 있는 능력을 과시했다. 손목에 찬 시계가 은유하듯 엘리즈는 자신의 시간에 맞게 '자신의 인생을 손에' 쥐게 되었다.

그리고 베텔하임은 이렇게 썼다. "아이가 현실에 대한 건전한 이해력을 획득하는 것을 돕고 싶은 부모라면 꿈을 간직할 수 있도록 해줘야 할 뿐만 아니라 아이 인생의 몇몇 중요한 때에 환상이 현실로 이루어질 수 있게 해줘야 한다."[26]

축제는 아이의 정신적 구조에 그런 탁월한 기여를 할 수 있다. 축제는 일상의 현실적 제약들을 극복할 수 있는 힘을 준다. 그리고 그렇기 때문에 산타 할아버지는 시대와 문화를 뛰어넘어 그가 담당해 온 소중한 역할을 지속하는 것이 바람직하다. 하얀 수염의 위풍당당한 노인은 활기와 당당함을 간직해 왔고, 그것은 우리 사회의 냉소적인 현실주의를 상대로 하는 이 불공평한 싸움에서 존경심을 고취시키고 있다.

---

26) *ibid.*

배를 탄 아이: 유아들의 자율성에 동행하기

한 쌍의 부부가 유모차를 탄 아이와 함께 스트르자와 보로메 섬을 오가는 배를 탔다. 배가 부두를 떠나 전속력으로 달리기 시작하자 한 살쯤 돼 보이는 아이는 처음엔 이 새로운 상황에 놀라더니 곧 몸을 비틀면서 유모차에서 내리고 싶다는 의사를 강하게 표현했다. 부모는 아이의 뜻을 저지하고 장난감을 주면서 관심을 돌려보려고 했지만 아이는 단호해 보였고 장난감도 아무 소용이 없는 듯했다. 부모는 의논을 해보더니 아들을 묶고 있던 안전벨트를 마지못해 풀어 주기로 했다. 아이는 부모의 품에 안겨 있기를 거부했다. 하지만 아직 서고 걷는 자세를 완전히 익히지 못한 아이에게 발동선은 불안한 교통수단이었다.

따라서 아이는 넘어질 확률이 컸고 보호와 안전을 보장하는 부모가 아이와 완전한 공감을 못 이룰 경우 위험이 닥칠 수도 있는 상황이었다. 하지만 젊은 부부는 이런 가능성에 대해 별로 신경 쓰지 않는 듯했고 아이가 새로운 경험을 해보게 내버려뒀다. 짧은 다리로 버티고 선 아이는 처음엔 흔들리는 배에서 균형을 찾으려고 노력하더니 다음엔 힘들게 자신을 주시하는 어머니와 눈과 마주쳤다. 그러더니 결국 주변 사람들을 덩달아 기쁘게 하는 환희에 찬 표정으로 곁에서 경계를 게을리 하지 않는 아버지와 함께 마침내 앞으로 달려나갔다.

이 장면에서 내게 강한 인상을 준 것은 아주 어린 자녀의 자율적 시도를 격려하는 젊은 부부의 놀라운 능력이었다. 그들은 아이와 어떤 암묵적 공모를 형성했고 그것은 아이가 자기 자신에게서 발견할 수 있는 신뢰감을 보장해 주었다. 그것도 비교적 적대적인 상황에서. 왜냐

하면 그것은 어떤 경우에도 위험성이 과소평가되어서는 안 되는 익숙
지 않은 상황이었기 때문이다.

이런 우연한 장면을 보니 프랑수아즈 돌토의 관찰이 연상된다. 공항
터미널에서 한 어린아이가 어머니(어머니가 가까이 있다는 데에서 오는
안정감)로부터 조금씩 멀어지면서도 자신이 일종의 시각적 탯줄이라
할 수 있는 어머니의 주의 깊은 시선의 감시하에 있다는 것을 확인하
기를 잊지 않았다. 엄마는 아이에게서 눈을 떼지 않고 그런 식으로 아
이의 자율성에 동행하고 있었다. 불안을 드러냄으로써 아이를 저지하
지 않고 다만 시선의 작용을 통해 상징적인 보호의 끈을 놓치지 않으
려고 노력할 뿐이었다.

이 두 개의 관찰에서 강조할 만한 것은 정서적으로 안심이 되는 환
경을 통해 자신의 욕망을 확인하는 것이 아이에게 얼마나 중요한가 하
는 것이다. 그럼으로써 아이는 자신의 운동 능력을 활용해 볼 수 있고
자발적으로 엄마와 떨어져 볼 수 있으며 위험을 무릅쓰고 점점 더 넓
은 공간을 탐색해 볼 수 있다.

훗날 있을 자율화의 시도들도 이 도식을 따를 것이다. 그리고 이것
은 성년이 될 때까지 계속될 것이다. 하지만 경험은 파트너들 상호간
의 신뢰 위에서 쌓아질수록 그만큼 더 '자율적인 나'의 성숙에 기여한
다는 사실을 강조하는 것이 좋다. 그런 부모들은 아이의 자율화 성향
을 방해하거나 침범하지 않으려고 주의하며 다만 그것을 인정하고 동
행하는 데 만족했다.

그런 관점에서 정신요법 상담에서 반의 집단 속에 통합되기 어려워
고통당하며 그 때문에 항상 소외감을 느끼던 한 청소년이 내게 한 말
이 기억난다.

난산이었다는 핑계로 부모는 오랫동안 그 아이를 의존 관계 속에 묶어 놓았고 아이는 그것을 과잉보호로 느꼈다. 독립을 시도하다가 저지당한 어릴 적 체험들을 또렷이 기억하고 있던 그 아이가 한번은 상담중에 자녀 교육에서 부모가 맡은 역할에 대한 자신의 견해를 말로 표현하기에 이르렀다. 그 아이는 부모란 자녀에게 '벽 같은 존재여야' 한다고 말했다. 단 그 벽은 앞에서 자녀의 시야를 막는 높은 벽이 아니라 뒤에 있으면서 필요할 때 자녀가 기댈 수 있는 벽이 되어야 한다고 그 아이는 주장했다. 말하자면 '버팀벽' 같은 것 말이다. 배 위에서 아이 부모의 존재가 그랬던 것처럼, 공항에서 아이를 바라보던 엄마의 시선이 그랬던 것처럼.

그런데 앞에 언급된 두 예가 여행을 권하는 장소들에서 벌어졌다는 것이 상징적이라고 생각지 않는가? 그것은 아마 인생의 여행이 아니었을까?

자율성과 창의성

우울한 분들을 위해 운 좋게도 내가 직접 목격한 어떤 장면을 하나 더 소개해 드리겠다. 한 부부가 클로드 모네의 〈수련〉을 보여주기 위해 여섯 살 된 딸을 데리고 오랑주리 미술관에 갔다. 아이는 처음에는 타원형 방을 빙글빙글 돌면서 시간을 보냈다. 그러면서 어떤 때에는 가장 가까이 다가가 그림을 보았고 어떤 때에는 그림에서 멀어져 거리를 두고 볼 때도 있었다. 그림에 매우 열중해 있던 어머니는 딸의 모습을 놓쳐 버렸다. 그러다가 갑자기 미술관에 있던 관람객들이 모두

넋이 나간 듯 한곳에 시선을 집중시키고 있다는 것을 깨달았다. 그녀도 그쪽으로 시선을 돌렸고 그러다가 방 한가운데에 서 있는 딸을 발견했다. 딸은 두 눈을 크게 뜬 채 내면에서 발산되는 감동에 사로잡힌 듯 천천히 제자리를 돌고 있었다……. 그리고 관람객들도 아이가 유도한 체험을 저마다 시도해 보면서 환희에 찬 표정을 지었다. 그날, 애 어른 할 것 없이 종교적 수행으로 제자리를 빙빙 도는 춤을 추는 이슬람 수도승 흉내를 내는 장면이라니…… 일종의 '강렬한 전율'[27] 속에서 모네가 그린 연못 한가운데에 있다는 환상을 재현하겠다는 생각을 불어넣은 것은 그 아이의 직관이었을 것이다. 화가의 목적도 거기에 있지 않았을까?

모네 자신의 시각을 자기 나름대로 되살리기 위해 즉흥적으로 그런 행동을 하게 한 것을 소녀의 창의력이었다. 아이가 자신의 창조성에서 비롯된 이런 행동을 대담하게 할 수 있었던 것은 부모라는 존재의 근접성이 마련해 준 자유 공간 덕이었다. 아이는 자신의 영감이 시키는 대로 행함으로써 진정으로 자율적인 사고가 무엇인가를 보여줬다. 아이는 독창적인 시각을 가진 덕에 주변의 타협주의에서 벗어나 자신의 감정과 완전히 일치가 되거나 또는 본능적으로 '자기 자신'이 될 수 있었다.

조이스 맥더걸이 예리하게 표현한 것처럼 "창조란 남다른 삶과 독특한 정체성을 과시하는 것이다."[28] 자율성을 증명하는 방법이 일부 부모들이 생각하는 것처럼 혼자 미술관에 가는 것만 있는 것은 아니다.

---

27) 디디에 앙지외, 《작품의 본체 *Le Corps de l'œuvre*》, 갈리마르 출판사, 1981년.
28) 조이스 맥더걸, 《천의 얼굴을 가진 에로스 *Eros aux mille visages*》, NRF, 갈리마르 출판사, 1996년.

어른의 사려 깊고 안정적인 지지가 있을 때 비로소 아이는 자유롭게
움직임으로써 자신만의 발견을 해나갈 수 있는 것이다.

결 론

지각하지 않기 위해 빨리 옷을 입으라고 재촉하는 어머니에게 세 살 반 된 딸이 의아하다는 듯이 반박했다. "왜 빨리 해야 하고 왜 혼자 해야 돼?" 이는 아마도 할 수 있는 만큼 적응하려고 최선을 다하는 수많은 아이들이 제기하는 너무나 타당한 질문일 것이다. 왜냐하면 아이들과 시간의 관계는 어른들과 시간의 관계와 다르며 그들의 뇌는 '서두를' 수 있는 능력이 없기 때문이다. 따라서 일상 생활의 의무들 속에서 능률과 자율에 대한 부모들의 요구가 명백하지 않거나 이해되지 않을 때도 많다. 많은 아이들은 청소년기에 이를 때까지 부모가 제시하는 성공의 모델들에 이의를 제기하고 결핍된 적이 많았던 부모의 존재로 인해 그들의 기대가 어그러졌음을 표현하고 있다. 그로 인해 그들은 욕구불만을 갖게 됐고 정도의 차이는 있지만 그것은 그들이 너무 일찍 빼앗긴 것, 즉 그들의 책임을 감당할 수 있는 어른들과의 안정적인 관계에 대한 향수를 심어 줬다.

이제 우리는 정상적으로 성장한 모든 아동은 커감에 따라 차차 자신의 일을 책임질 수 있는 존재가 될 자질을 갖추고 나온다는 것을 알았다. 그러므로 만일 부모 자식 간에 헤어짐이라는 시련을 피할 수 없다면 이때 한 가지를 대비하는 것이 유익하다. 아이가 생의 첫 몇 년 동안 내면화하는 정서적 안정이 그것이다. 그래서 만일 언젠가 이 정서적 지지가 부족하게 되면 아이는 자신이 그때까지 비축해 온 사랑의 창고에서 그것을 길어옴으로써 결핍을 채울 수 있을 것이다.

아이가 본능적으로 바라는 것은 대화와 공유되는 경험으로 이루어지는 공통 공간 안에서 '혼자 하는' 법을 배울 수 있도록 묵인해 주는 부모와 함께 있는 것이다.

나이와 표현 방법에 상관없이(몸으로 나타내든 언어로 나타내든) 한 아이가 암묵적으로 요구하는 것은 부모가 자신과의 유대를 형성하는 행위의 엄청난 특권을 다른 사람들에게 전적으로 맡겨 버리지 않고 자신을 보호하고 관심을 기울인다는 느낌이다. 따라서 부모와 자식 사이에 어떤 중대한 오해는 피하는 것이 좋다. 즉 '자율성'과 '유기(돌보지 않음)'를 혼동하는 것이다. 실제로 아이가 자율성을 흔쾌히 받아들이고 접근하게 하려면 정서적 유기를 경험하지 않도록 주의해야 한다.

많은 아이들은 바로 이런 '유기'를 부모의 무관심으로 느끼고 이에 대해 항의하고 있다. 사실 많은 어른들은 미성년자들이 그들의 미숙한 여건으로 인해 중요한 권리, 즉 어른들의 보호를 받을 권리가 있다는 것을 잊어버리는 경향이 있다. 물론 아이들은 알아서 처리할 수 있다. 하지만 누군가 같이 있어 주어야 한다.

전에는 세대간의 위계적 모델이라는 수직적 체계가 지배했다면 오늘날에는 역할의 혼동으로 자녀가 부모와 대등한 관계가 됐고 때로는 부모의 부모 노릇을 할 때도 있다. 수평적 관계의 모델로 가는 것이 오늘날의 추세이고 그것은 부모의 권위와 직관적·역사적인 기술 정보를 평가절하하는 데 기여하고 있다. 그렇기 때문에 각자의 자리를 재발견하고 서로의 역할을 다시 새롭게 구분할 필요가 있다. 그것이 모두가 이득을 보는 방법이다. 이것은 중요한 목표이다. 왜냐하면 앞으로 장기화하는 청소년기에 정착하고 의존하는 어린 성인들이 점점 더 늘어날 확률이 높기 때문이다. 지나치게 일찍 빼앗긴 유년기나 청소년기를 되찾는 일에는 적잖은 이득이 있기 때문이다.

게다가 너무 일찍, 즉 아기 때 최초의 사랑의 대상인 어머니와 떨어져야 했던 것과 성인이 된 뒤 타인과의 안정적 관계에 정성을 쏟을 수 없는 것을 관련짓지 않을 수 없다. 통계적으로 두 쌍 중 한 쌍의 커플이 결별한다. 때로 첫 아이는 젊은 부모들에게 여성의 경제적 해방을 목격한 새로운 사회 속에서 그들 자신이 겪었던 때 이른 이별의 흔적을 되살아나게 할 때도 있다. 이는 물론 정당한 해방이었지만 한편으로는 사회가 그들의 자녀를 떠맡는 것을 전제로 한 것이었다.

마지막으로 한 번 더 인용하자면 D. W. 위니코트는 자녀에 대한 부모의 개인적 책임감을 약화시키는 사회의 부당한 끼어들기를 경계하라고 일렀다. "부모가 책임자라는 생각에 특별한 지지를 보내지 않는 모든 것은 장기적으로 볼 때 사회의 핵심 자체에 위험 요소가 될 것이다." 따라서 한 가지 중요한 점을 강조하는 것이 좋겠다. 부모가 자녀에게 시간을 할애하려면 어느 정도 유연하게 근무 시간에서 벗어날 수 있도록 근로 조건을 조정해야 한다. 이것은 이 시대, 특히 경제적 사정이나 그들이 의존하는 탁아 방식의 엄격함에 구속받지 않고 그들에게 가장 중요한 것을 자유롭게 선택하고 싶어하는, 어린 자녀를 둔 어머니들의 요구이다. 부모와 자식 간에 형성되는 관계의 안정성은 이런 변화에 달려 있으며 다른 나라들에서는 이미 이런 변화들이 이루어지고 있다.

아이를 돌보는 어른들은 실제로 자녀들과의 묵계에 재적응하려고 노력해야 할 것이다. 그것은 어떤 경우에도 한계와 금기를 정하면 안

된다는 의미가 아니다. 아이들의 안전과 심리적·정서적 균형을 보장하려면 한계와 금기가 있어야 하기 때문이다. '모든 것이 허용되는 것'은 욕망을 소멸시키며 아이를 무책임하게 만들고 만족할 줄 모르는 욕구에 의해 소외되게 만드는 반면, 유효한 사회적 규칙의 수용은 뭔가를 원하고 장차 어른이 되면 가져야 할 책임 속에 자신의 모습을 투사할 수 있는 아이의 능력을 고무시킨다. 책임은 현재의 규칙을 자기 것으로 만들기 위해 통합함으로써 서서히 획득되는 것이다. 하지만 그러려면 아이는 부모 그리고 아이의 발달을 책임진 교육자들의 관심, 관용, 세심한 권위라는 버팀목에 기댈 수 있어야 한다.

모든 아동은 본래 모험을 좋아하며 자기만의 창의성을 가지고 주변을 탐색하고자 하는 소질을 타고난다. 자신의 직관과 욕망에 대한 충분한 믿음으로 무장된 아이는 어른들에 대한 자신의 의존에서 점차 벗어나기 위해 주체적인 모습을 드러낼 것이다. 그때부터 어른들이 해야 할 주된 역할은 자유 의지를 가지고 스스로 생각할 수 있는 능력을 획득할 수 있도록 격려하는 데 있을 것이다. 자유 의지는 삶의 계획을 구상하고 실천하게 해준다. 그리고 한 개인의 역사에서 물려받은 것과 함께 모든 인간에게는 삶에 대한 창의성이 있으므로 각각의 아동은 이 유산을 자기 방식대로 되살릴 것이고, 때가 되면 후손에게 물려줄 것이다.

역자 후기

나는 두 아이의 엄마다.

비교적 자기 주장이 강하고 할 일을 척척 해내는 작은애에 비해 자기 의사를 잘 표현하지 못하고 할 일도 일일이 시켜야 하는 큰애(이 글을 애들이 보면 안 되겠군!)는 항상 나의 고민거리였다. 내 소원은 애들을 홀로 설 수 있는 사람으로 만드는 것이다. 이 험한 세상을 살다 보면 힘든 일도 많이 겪게 될 텐데 부모랑 영원히 살 수는 없으니 죽이 되든 밥이 되든 스스로 할 수 있게 만드는 것. 될 수 있으면 밥을 만들어야겠지만 처음 몇 번 죽이 되는 건 피할 수 없을 것이다.

하지만 이 책은 자율성을 너무 일찍부터 강요하면 안 된다고 말하고 있다. 너무 일찍부터 모든 걸 혼자 하라고 강제하다 보면 아이는 마치 어른이 된 듯한 느낌을 갖게 되는데 그것은 거짓 자아이며 언젠가 탈이 나게 될 거라고. 또한 아이가 혼자 할 수 있다고 해서 혼자 있게 내버려두어서는 안 된다고도 말하고 있다. 함께 있어 주고 지켜봐 주어야 한다고. 부모는 앞에서 자녀의 시야를 가리는 벽이 아니라 뒤에서 지켜보다가 자녀가 힘들 때 기댈 수 있는 버팀벽이 되어야 한다고…….

만 세 살이 될 때까지는 엄마가 자녀를 데리고 있어야 한다는 교육학자의 말을 듣고 애들에게 얼마나 미안했는지 모른다. 일찍 동생을 본 관계로 큰애는 18개월, 번역일을 한다는 핑계로 작은애는 21개월 때부터 어린이집을 보냈다. 헤어질 때마다 거의 언제나 우는 아이들을 보며 마음이 아프면서도, "그때만 그러지 나중에는 잘 놀았어요"라는 선생님들의 말씀이나 그런 곳에 보내야 애들이 야물어진다는 속설을 믿는 척했지만 사실 그건 내가 편하자고 한 짓이었다. 그래서 다 커서까지 낯선 곳을 가면

나를 졸졸 따라 다니고 내가 시키는 대로 하고 몇 번이나 허락을 구하는 큰애를 보면 유아기 때 충분한 사랑과 신뢰를 받지 못해서가 아닐까 그런 생각을 하게 된다. 물론 제 어미 성격을 닮아서 그런 것도 있겠지만……

아침부터 아이들한테 계속 소리를 지르다가 성당에 가서 내가 엄마 될 자격이 있나 자책하고 있는데 신부님께서 그래도 그 자녀를 가장 사랑하는 건 바로 엄마라고 말씀하셔서 눈물이 나온 적이 있다. '자녀 잘 키우는 법을 가르쳐 주세요' '제게 무한한 인내와 넓은 아량을 베풀어 주세요' 하고 기도하지만 그러면서도 아이 키우기는 항상 힘들다.

하지만 그 와중에도 깨달은 바가 있으니 아이의 불안을 없애려면 유아기 때는 놓쳤지만 이제라도 충분히 애정 표현을 해줘야 한다는 것. 아이를 좀더 자율적인 인간으로 키우려면 엄할 때는 엄하게 하고 나 스스로 불안해하지 않아야 한다는 것이다. 이것이 이 책이 내게 가르쳐 준 바이며 독자 여러분에게도 그런 소득이 있으시길 바란다.

2007년 5월 김교신

참고 문헌

다니엘 스테른, 《어머니의 별자리 *La Constellation maternelle*》, 칼만 레비 출판사, 1997년.

도널드 우즈 위니코트, 《놀이와 현실 *Jeu et Réalité*》, NRF 총서, 갈리마르 출판사, 1977년;《아동과 외부 세계 *L'Enfant et le monde extérieur*》, 파요 출판사, 1957년;《낙담에 대한 두려움과 다른 임상적 상황들 *La Crante de l'effondrement et autres situations cliniques*》, NRF 총서, 갈리마르 출판사, 1993년;《소아과에서 정신분석까지 *De la Pédiatrie à la Psychanalyse*》, 파요 출판사, 1989년.

드니 바스, 《욕망의 시대, 몸과 말에 대한 시론 *Le Temps du désir, Essais sur le corps et la parole*》, 푸엥 쇠유 출판사, 1997년.

디디에 앙지외, 《작품의 본체 *Le Corps de l'œuvre*》, NRF 총서, 갈리마르 출판사, 1981년;《생각을 위한 피부 *Une Peau pour les pensées*》, 압시제 출판사, 1991년.

레옹 크레슬레 · 미셸 펭 · 미셸 술래, 《아동과 아동의 몸 *L'Enfant et son corps*》, PUF 출판사, 1981년.

멜라니 클렝, 《아동 정신분석 *La Psychanalyse des enfants*》, PUF 출판사, 1972년.

미리암 스제제르, 《태어나기 위한 말 *Des Mots pour naître*》, 갈리마르 출판사, 1997년.

보리스 시륄니크, 《관계의 영향하에 *Sous le signe du lien*》, 플뢰리엘 출판사, 1989년;《정서적 양식 *Les Nourritures affectives*》, 오딜 자콥 출판사, 1993년;《멋진 불행 *Un Merveilleux Malheur*》, 오딜 자콥 출판사, 1999년.

브뤼노 베텔하임, 《수용적 부모가 되는 법 *Pour être des parents acceptables*》, 아세트 플뢰리엘, 1988년.

세르주 르클레르, 《우리가 아이를 죽이고 있다 *On tue un enfant*》, 쇠유 출판사, 1975년.

세르주 티스롱, 《현대의 작은 신화들 *Petites Mythologies d'aujourd'hui*》, 오비에르 출판사, 2000년.

셰르 이트, 《경쟁자인가 친구인가, 현대 여성들에 관한 이트의 새 보고서 *Rivales ou Amies, Le nouveau repport Hite sur les femmes d'aujourd'hui*》, 알뱅 미셸 출판사, 1998년.

안나 프로이트, 《아동에게서 나타나는 정상과 비정상 *Le Normal et le Pathologique chez l'enfant*》, PUF 출판사, 1981년.

알랭 바니에, 《정신분석학 입문 개념 *Éléments d'introduction à la psychanalyse*》, 나탕 위니베르시테 출판부, 1996년.

알리스 밀레, 《공포 속의 아이 *L'Enfant sous terreur*》, 오비에 몽테뉴 출판사, 1986년.

에티 부젱, 《엄마 아빠, 꿈꿀 시간을 시간을 주세요 *Papa, Maman, laissez-moi le temps de rêver*》, 알뱅 미셸 출판사, 1995년.

오딜 노댕, 〈자율성의 독 Les Toxicos de l'autonomie〉, 《부모들의 학교 *L'École des parents*》, 1996년 3호.

이렌 테리, 《현대의 부부, 친자 관계, 친척 관계 *Couple, filiation et parenté aujourd'hui*》, 오딜 자콥 출판사, 1998년.

자크 앙드레, 카트린 쟈베르, 《우울증의 상태 *États de détresse*》, PUF 출판사, 1999년.

장 클로드 스니데르, 《아버지와 아들 *Père et Fils*》, 뷔셰 샤카스텔 출판사, 1993년; 《유년기의 고통 *Peines d'enfance*》, 뷔셰 샤스텔 출판사, 1994년.

제라르 벨, 《이 시대의 정신분석가 폴 클로드 라카미에 *Paul-Calude Racamier, psychanalyste d'aujourd'hui*》, PUF 출판사, 1997년.

조르주 모코, 《정신분석과 교육 *Psychanalyse et Éducation*》, 샹 플라마리옹 출판사, 1993년.

조이스 맥더걸, 《몸의 연극 *Le Théâtre du corps*》, NRF 총서, 갈리마르 출판사, 1989년; 《천의 얼굴을 가진 에로스 *Eros aux mille visages*》, NRF 총서, 갈리마르 출판사, 1996년.

지그문트 프로이트, 《억제, 증상, 불안 *Inhibition, Symptôme, Angoisse*》, PUF 출판사, 1997년.

진 리들로프, 《연속체 개념 *The Continuum Concept*》, 애디슨 웨슬리 출판사, 1986년.

크리스티앙 보뱅, 《대단히 활기찬 여자 *La plus que vive*》, 갈리마르 출판사, 1996년.

폴 발라디에, 《가치의 무정부 상태 *L'Anarchie des valeurs*》, 알뱅 미셸 출판사, 1997년.

폴 클로드 라카미에, 《정신분석에서 소아과로 *De Psychanalyse en Pédiatrie*》, 파요 출판사, 1979년.

프랑수아즈 돌토, 《정신분석과 소아과 *Psychanalyse et Pédiatrie*》, 푸엥 쇠유 출판사, 1971년; 《아동기의 주요 단계 *Les Étapes majeures de l'enfance*》, 폴리오 갈리마르 출판사, 1994년; 《아이들의 입장 *La Cause des enfants*》, 포케 출판사, 1995년; 《아이와 도시 *L'Enfant et la Ville*》, 메르퀴르 드 프랑스 출판사, 1998년.

피라 올라니에, 《의미를 찾는 해석 *Une Interprète en quête de sens*》, 작은 도서관 총서, 파요 출판사, 1991년.

헤르만 헤세, 《나의 어린 시절 *Mon Enfance*》, 천일야화 출판사, 1995년.

감사의 말

이 책이 만들어지는 동안 유능함과 협동심을 발휘한 로랑스 로벨에게 뜨거운 감사를 전한다. 그녀는 항상 타당하고 설득력 있는 비판 정신을 보여주었다.

나의 회의적인 시간들에 반대하는 인내심을 보여주고 격려를 보내준 마오 노베쿠르에게 감사를 표한다.

마지막으로 내게 풍부한 화제거리를 제공한 나의 환자들을 어찌 언급하지 않을 수 있으랴. 내 생각의 대부분은 그들에게 빚진 것이다.

김교신
서강대학교 불문과 졸업
역서:《라틴 문학의 이해》《노동의 종말에 반하여》
《경제, 거대한 사탄인가?》《위기의 대학》
《문학은 무슨 소용이 있는가?》《맞불 · 2》
《행복해지기 위해 무엇을 배워야 하는가?》
《행복의 단상》《아이들에게 들려주는 선사시대 이야기》
《아이들에게 들려주는 이슬람 이야기》
《사랑, 아이, 일 사이에서》 등

문예신서
2010

알아서 하라고요? 좋죠, 하지만 혼자는 싫어요!

초판발행 : 2007년 5월 10일

東文選

제10-64호, 78. 12. 16 등록
110-300 서울 종로구 관훈동 74번지
전화 : 737-2795

편집설계 : 李姃롯

ISBN 978-89-8038-602-4 94370

東文選 現代新書 1

21세기를 위한 새로운 엘리트

FORSEEN 연구소 (프)

김경현 옮김

　우리 사회의 미래를 누르고 있는 경제적·사회적 그리고 도덕적 불확실성과 격변하는 세계에서 새로운 지표들을 찾는 어려움은 엘리트들의 역할과 책임에 대한 재고를 요구한다.

　엘리트의 쇄신은 불가피하다. 미래의 지도자들은 어떠한 모습을 갖게 될 것인가? 그들은 어떠한 조건하의 위기 속에서 흔들린 그들의 신뢰도를 다시금 회복할 수 있을 것인가? 기업의 경영을 위해 어떠한 변화를 기대해야 할 것인가? 미래의 결정자들을 위해서 어떠한 교육이 필요한가? 다가오는 시대의 의사결정자들에게 필요한 자질들은 어떠한 것들일까?
　이 한 권의 연구보고서는 21세기를 이끌어 나갈 엘리트들에 대한 기대와 조건분석을 시도하고 있으며, 구체적으로 그들이 담당할 역할과 반드시 갖추어야 될 미래에 대한 비전을 제시하고 있다.
　본서는 프랑스의 세계적인 커뮤니케이션 그룹인 아바스 그룹 산하의 포르셍 연구소에서 펴낸 《미래에 대한 예측총서》 중의 하나이다. 63개국에 걸친 연구원들의 활동을 바탕으로 세계적인 차원에서 우리 사회를 변화시키게 될 여러 가지 추세들을 깊숙이 파악하고 있다.
　사회학적 추세를 연구하는 포르셍 연구소의 이번 연구는 단순히 미래를 예측하는 데에 그치는 것이 아니라, 미래를 준비하는 자들로 하여금 보충적인 성찰의 요소들을 비롯해서, 그들을 에워싸고 있는 세계에 대한 보다 넓은 이해를 지닌 상태에서 행동하고 앞날을 맞이하게끔 하기 위해서 이 관찰을 활용하자는 것이다.

東文選 現代新書 18

청소년을 위한 철학교실

알베르 자카르

장혜영 옮김

"무엇을 질문하고 어떻게 대답할 것인가?"

철학은 끊임없는 질문과 답변 가운데에 있다. 질문은 진리에 대한 탐색이요, 답변은 존재와 세계에 대한 해석이다. 우리는 철학을 통해 존재의 근원에 이른다. 이 책은 프랑스 알비의 라스콜 고등학교 철학교사인 위게트 플라네스와 철학자 알베르 자카르 사이의 철학 대담으로 철학적 질문과 답변의 과정을 명쾌히 보여 준다.

이 책에는 타인·우애·정의 등 30개의 항목에 대한 철학자의 통찰이 간결하게 살아 있다. 철학교사가 사르트르의 유명한 구절, 즉 "지옥, 그것은 바로 타인이다"에 대해 반박을 요청하자, 저자는 그 인물이 천국에 들어갔다면 그는 틀림없이 "천국, 그것은 바로 타인이다"라고 이야기했을 것이라고 답한다. 결국 타인들은 우리의 지옥이 아니며, 그들이 우리와의 관계를 받아들이려 하지 않을 때 지옥을 만들어 낸다고 말한다.

그렇다면 행복에 대해 이 철학자는 어떻게 답할까? "나에게 행복이란 타인들의 시선 안에서 스스로를 아름답다고 느끼는 것입니다"는 것이 그의 답변이다. 이 책은 막연한 것들에 대해 명징한 질문과 성찰로 우리가 새로운 질문을 던지고, 스스로 그 답을 찾을 수 있는 실마리를 제공한다.

東文選 現代新書 14

사랑의 지혜

알랭 핑켈크로트

권유현 옮김

　수많은 말들 중에서 주는 행위와 받는 행위, 자비와 탐욕, 자선과 소유욕을 동시에 의미하는 낱말이 하나 있다. 사랑이라는 말이다. 그러나 누가 아직도 무사무욕을 믿고 있는가? 누가 무상의 행위를 진짜로 존재한다고 생각하는가? '근대'의 동이 터오면서부터 도덕을 논하는 모든 계파들은 어느것을 막론하고 무상은 탐욕에서, 또 숭고한 행위는 획득하고 싶은 욕망에서 유래한다는 설명을 하고 있다.

　이 책에서 묘사하는 사랑의 이야기는 타자와 나 사이의 불공평에서 출발한다. 즉 사랑이란 타자가 언제나 나보다 우위에 놓이는 것이며, 끊임없이 나에게서 도망가는 타자로부터 나는 도망가지 못하는 것이다. 그리고 사랑의 지혜란 이 알 수 없고 환원되지 않는 타자의 얼굴에 다가가기 위해 애쓰는 것이다. 저자는 이 책에서 남녀간의 사랑의 감정에서 출발하여 타자의 존재론적인 문제로, 이어서 근대사의 비극으로 그의 철학적 성찰을 이끌어 가기 때문이다. 그러나 우리가 이웃에 대한 사랑을 이상적인 영역으로 내쫓는다고 해서, 현실을 더 잘 생각한다는 법은 없다. 오히려 우리는 타인과의 원초적 관계를 이해하기 위해서, 또 그것에서 출발하여 사랑의 감정뿐 아니라 다른 사람에 대한 미움의 감정까지도 이해하기 위해서, 유행에 뒤진 이 개념, 소유의 이야기와는 또 다른 이야기를 필요로 할 수 있다.

　알랭 핑켈크로트는 엠마뉴엘 레비나스의 작품에 영향을 받아서 근대가 겪은 엄청난 집단 체험과 각 개인이 살아가면서 맞는 '타자'와의 관계에 대해서 계속해서 질문을 던진다. 이것은 철학임에 틀림없다. 그렇기는 하지만 구체적인 인물에 의해 이야기로 꾸민 철학이다. 이 책은 인간에 대한 인식의 수단으로 플로베르·제임스, 특히 프루스트를 다루며, 이들의 현존하는 문학작품에 의해 철학을 이야기로 꾸며 나간다.

東文選 現代新書 87

산다는 것의 의미 · 1
— 여분의 행복

피에르 쌍소 / 김주경 옮김

"삶을 어떻게 살아야 하는가?"라는 물음에 대한 해답찾기!!

인생을 살 만큼 살아본 사람만이 이에 대한 대답을 할 수 있을 것이다. 영원한 것은 아무것도 없고, 변화 또한 피할 수 없다. 한 해의 시작을 앞둔 우리들에게 피에르 쌍소는 "인생이라는 다양한 길들에서 만나게 되는 예기치 않은 상황들을 대비할 수 있도록 도덕적 혹은 철학적인 성찰, 삶의 단편들, 끔찍한 가상의 이야기와 콩트, 이 세상에서 벌어지고 있는 참을 수 없는 일들에 대한 분노의 외침, 견디기 힘든 세상을 조금이라도 견딜 만하게 만들기 위한 사랑에의 호소 등등 여러 가지를 이 책 속에 집어넣어 보았다"는 소회를 전하고 있다. 노철학자의 삶에 대한 깊은 성찰이 고목의 나이테처럼 더없이 선명하게 다가온다.

변화를 사랑하고, 기다릴 줄 알고, 바라보는 법을 배우고, 자기 자신에게 인내를 가질 수 있게 하는 이 책《산다는 것의 의미》는, 앞서의 두 권보다 문학적이며 읽는 재미 또한 뛰어나다. 죽어 있는 것 같은 시간들이 빈번히 인생에 가장 충만한 삶을 부여하듯 자신의 내부의 작은 목소리에 귀기울이게 하고, 그 소리를 신뢰케 만드는 것이 책의 장점이다.

진정한 삶, 음미할 줄 아는 삶을 살고, 내심이 공허한 사람이 되지 않도록 우리의 약한 삶을 보호할 줄 알며, 그 삶을 사랑하게 만드는 것이 피에르 쌍소의 힘이다.

이 책을 읽어 나가는 동안 우리는 의미 없이 번쩍거리기만 하는 싸구려 삶을 단호히 거부하고, 자기 자신에게로 돌아와 찬찬히 들여다볼 수 있는 시간을 갖게 될 것이다. 그리고 자신만의 희망적인 삶의 방법을 건져올릴 수 있을 것이다.

東文選 現代新書 102

글렌 굴드, 피아노 솔로

미셸 슈나이더

이창실 옮김

캐나다 태생의 전설적인 피아니스트 글렌 굴드에 관한 전기

 정상에 오른 32세 나이에 무대를 완전히 떠났으며, 결혼도 하지 않고, 50세라는 길지 않은 생을 살았던 천재적인 피아니스트 글렌 굴드에 관한 전기나 책들이 외국에서는 이미 많이 나왔으나 국내에는 처음으로 번역 소개되었다.

 삐걱거리는 의자, 몸을 흔들며 끙끙대는 신음, 흥얼대는 노래, 다양한 음색, 질주하는 템포, 악보를 무시하는 해석, ……독특한 개성으로 많은 음악애호가들의 사랑을 받아 왔던 글렌 굴드의 무대 경력은 불과 9년에 불과했다. 30세가 되면 연주회를 그만두겠다고 밝힌 바 있었으며, 32세에 이를 실행하였다. 50세에는 녹음을 그만두겠다고 했다가 50세가 되던 다음 다음날 임종했다. 짧다면 짧고 단순하다면 단순하다고 할 수 있는 이 연주가에 대해 한 편의 전기를 쓰는 일이 결코 쉬운 일이 아니었을 것이나, 여기서 저자는 통상적인 전기물의 관례를 깨뜨린 채 인물의 내면으로 곧장 빠져 들어감으로써 보다 강렬한 진실을 열어 보이는, 예기치 못한 방법으로 그의 삶과 예술 세계를 조명하고 있다. 그리하여 그동안 그의 음악을 들어 오던 독자들로 하여금 평소에 생각했던 점들이 너무도 또렷한 언어들로 구현되고 있다는 느낌을 떨쳐 버릴 수 없도록 해주고 있다. 굴드의 연주에 대한 날카로운 분석은 물론 그런 연주와 밀접하게 얽혀 있는 한 삶에 대한 저자의 이해와 긴 명상에 동참하는 기쁨을 누리게 해준다.

東文選 現代新書 108

딸에게 들려 주는 작은 철학

롤란트 시몬 셰퍼

안상원 옮김

★독일 청소년 저작상 수상(97)
★청소년을 위한 좋은 책(99, 한국간행물윤리위원회)

작은 철학이 큰사람을 만든다. 아이들과 철학을 이야기하는 것이 요즘 유행처럼 되었다. 아이들에게 철학을 감추지 않는 것, 그것은 분명히 옳은 일이다. 세계에 대한 어른들의 질문이나 아이들의 질문들은 종종 큰 차이가 없으며, 철학은 여기에 답을 줄 수 있다. 이 작은 책은 신중하고 재미있게, 그러면서도 주도면밀하게 철학의 질문들에 대답해 준다.

이 책의 저자 시몬 셰퍼 교수는 독일의 원로 철학자이다. 그가 원숙한 나이에 철학에 대한 깊은 이해를 가지고 자신의 딸이거나 손녀로 가정되고 있는 베레니케에게 대화하듯 철학 이야기를 들려 주고 있다. 만약 그 어려운 수수께끼를 설명한다면 어떻게 할 것인가를 모형적으로 제시하고 있다.

철학은 우리의 구체적인 삶과 멀리 떨어져 있는 삶이 아니다. 우리가 사용하고 있는 말이란 무엇이며, 안다는 것은 무엇인가. 세계와 자연, 사회와 도덕적 질서, 신과 인간의 의미는 무엇인가 등 철학적 사유의 본질적 테마들로 모두 아홉 개의 장으로 나누어 이야기하고 있다. 쉽게 서술되었지만 내용은 무게를 가지고 있어서 중·고등학생뿐만 아니라 대학생과 성인들에게 철학에 대한 평이한 길라잡이가 될 것이다.

東文選 現代新書 113

쥐 비 알

알렉상드르 자르댕

김남주 옮김

아버지의 유산, 우리들 가슴속엔 어떤 아버지가 자리하고 있는가?

정신적 지주였던 아버지에 관한 자전적 이야기인 이 작품은, 소설보다 더 소설적인 부자(父子)의 삶을 감동적으로 담아내고 있다. 자녀들에게 쥐비알이라는 애칭으로 불렸던 그의 아버지 파스칼 자르댕은 여러 편의 소설과 1백여 편의 시나리오를 남겼다. 그 또한 자신의 아버지, 그러니까 저자의 할아버지에 대한 소설 《노란 곱추》를 발표하였으며, 이 작품 또한 수년 전 한국에 소개된 바 있다. 하지만 자유 그 자체였던 그의 존재 이유는 무엇보다도 여자를 사랑하는 일에 있었다. 그의 진정한 일은 여인을 사랑하는 것이었다, 특히 자신의 아내를.

그는 열여섯의 나이에 아버지의 여자친구인 거대한 재산 상속녀의 침대로 기운차게 뛰어들어 그녀의 정부가 되었으며, 자신들의 관계를 기념하기 위해 베르사유궁의 프티 트리아농과 똑같은 저택을 짓게 하고 파티를 열어 그의 아버지를 초대하는가 하면, 창녀를 친구로 사귀어 몇 달 동안 하루도 거르지 않고 서너 차례씩 꽃다발을 보내어 관리인으로 하여금 그녀가 혹시 공주가 아닐까 하는 착각에 빠지게끔 만들기도 하였다. 그런가 하면 자신의 어머니의 절친한 연인의 해골과 뼈를 집 안에 들여다 놓고, 그것이 저 유명한 나폴레옹 외무상이었던 탈레랑의 뼈라고 능청스레 둘러대다가 탄로나서 집 안을 발칵 뒤집히게 하는 등, 기상천외한 기행과 사랑의 모험을 한순간도 멈추지 않았다. 심지어 죽어서까지 그의 영원한 연인이자 아내였던 저자의 어머니에게 끊임없이 무덤으로부터 열렬한 사랑의 편지가 배달되게 하는가 하면, 17년이 지난 오늘날까지 그의 아내를 포함하여 그를 사랑했던 30여 명의 여인들을 해마다 그가 죽은 날을 기해 성당에 모여 눈물을 흘리게 하여, 그가 죽음으로써 안도의 숨을 내쉬었던 그녀들의 남자들을 참담하게 만들기도 하였다. 스위스의 그의 무덤에는 하루도 빠짐없이 지금까지도 제비꽃 다발이 놓이고 있다.

東文選 現代新書 166

결별을 위하여

가브리엘 마츠네프

최은희 · 권은회 옮김

당신이 연인과의 관계를 끝내거나 그녀가 당신을 떠나거나, 부인에게 이혼을 요구하거나 부인이 먼저 헤어지자고 요구하거나, 친구와 사이가 틀어지거나, 몹시 소중히 여기는 물건을 도둑맞거나, 폭식가인 당신이 식이요법을 감행하거나, 세속적인 당신이 수도 생활을 시작하거나, 친척 중의 누군가가 죽거나 아니면 당신이 죽음을 준비하거나간에 당신은 결별이라는 시련을 피할 수 없을 것이다. 삶에서 결별이 아닌 것은 없다. 마음의 준비를 하라.

보통 결별이라고 하면 사랑의 결별을 의미한다. 그러나 탄생에서부터 죽음에 이르기까지 삶에서 결별이 아닌 것은 없다. 연인과의 관계를 깨뜨리는 것 외에 이혼하는 것, 친구와 사이가 틀어지는 것, 소중한 물건을 잃어버리는 것, 다이어트를 하는 것, 수도원에 들어가는 것, 가까운 사람의 죽음을 겪는 것 등도 일종의 결별이다. 가브리엘 마츠네프는 자신의 대자에게 보내는 편지글의 형식을 빌려 이러한 다양한 결별들에 대해 살펴보고, 그 고통을 치유하는 방법들을 제시한다.

사랑의 결별을 겪을 경우와 그 대처 방법에 대해 가장 많은 부분을 할애하여 설명하고 있으며, 철저히 남성적인 시각에서 바라보고 있다. 우선 남자가 잘못한 게 없는데도 여자가 떠난 경우, 펜을 들어 그 잔인한 배신자를 모욕하는 편지를 써보내라고 한다. 남자의 날카로워진 신경이 진정되고 배신자에게는 양심의 가책을 느끼게 함으로써 일석이조라고 할 수 있다. 그러나 떠나간 여자가 다시 돌아오리라고 기대해서는 안 된다. 그 어떤 합리적인 설득도 한번 마음이 떠난 여자에게는 통하지 않는다. 그리고 남자의 잘못으로 여자가 떠난 경우 "세상에 널린 게 여자야"라는 말로 냉소해서는 안 된다. 이제는 끝나 버린 아름다운 사랑과 그 자신을 모욕하는 것이 되어 버리기 때문이다. 그 대신 반성하는 의미에서 고통을 견뎌내고 정신적 성숙으로 이르도록 해야 한다.

東文選 現代新書 174

교육은 자기 교육이다

한스 게오르크 가다머

손승남 옮김

　30쪽 분량도 채 안 되는, 책이랄 것도 없는 이 작은 문건이 파문을 던진 것은 너무나 평범하면서도 핵심을 찌르는 통찰을 담고 있기 때문이다. 가다머는 "교육은 언제 시작되는가"라는 물음을 던지면서 이야기를 시작한다. "말을 배우기 이전에 이미 아기는 뭔가를 잡을 수 있다는 것에 대해 만족스러워하며 그때 최초의 행복감을 느끼고 있음을 알 수 있습니다. 여기서 아기는 집에 있는 것과 같은 편안함을 느낍니다. 그러나 아기들은 자기가 극복하기 힘든 낯선 환경에 처하면 심하게 울게 됩니다."

　'집에 있는 것과 같은 편안함과 낯선 환경의 도전'은 인간이 성장하는 매 단계에서도 반복된다는 것이 가다머의 주장이다. 그런 점에서 부모가 모두 직장에 나가서 아이들이 TV 앞에 방치되는 상황의 문제점을 지적한다. "대중매체가 인간 형성에 줄 수 있는 위험성을 우리는 결코 과소평가해서는 안 됩니다. 올바른 인간성을 길러주는 데 있어 자신의 고유한 판단력을 계발하고 실행하도록 가르치는 일만큼 중요한 것도 없습니다."

　외국어 학습도 예외는 아니다. "교재를 읽거나 쓰는 식의 외국어 습득은 정상적인 방법이 아닙니다. 정상적인 방법은 대화를 통해서입니다. 그래야 낯선 감을 느끼고 대화를 통해 극복함으로써 다시 '집에 있는 깃과 같은 편안함'을 되찾게 되는 것입니다."

　이런 맥락에서 가다머는 교육은 교사가 학생들에게 어떤 결과물을 넣어주는 것이 아니라 "새로운 세대로 하여금 자기 활동을 통해 자신의 결함을 극복할 수 있도록 능력을 길러주는 일"이라고 정의한다.

소설로 읽는 세계의 종교와 문명

테오의 여행 (전5권)

카트린 클레망 / 양영란 옮김

★**세계 각국 청소년 추천도서**
★**이달의 청소년 도서** (대한출판문화협회)
★**98 올해의 좋은 책** (전국언론노동조합연맹)
★**99 좋은 책 100선** (중앙일보사)

마음을 열고 영혼을 진정시켜 주는 책!
세상 끝까지 따라가는 엄청난 즐거움!
세계의 문명에 눈뜨게 해주는 책!
큰사람으로 만들어 주는 신의 선물!

    열네 살짜리 소년을 동행한 신화와 제식의 세계 여행. 불치의 병에 걸린 주인공 테오는 '지상의 수많은 사람들이 어떻게 신을 믿고 있는가?'에 대해 이해하려고 끊임없이 놀라워하면서 질문한다. 또한 독자들을 '신비의 세계, 보편주의의 세계와 종교의식의 세계'로 안내하면서 '순진한 아이'의 역할을 충실히 해낸다. '하늘과 땅을 연결시키기 위해' 인간들이 구축해 놓은 세계 곳곳의 성소들을 찾아 나서, 온갖 종교의 성자들과 친구들을 만난다. 그리고 그들이 '무엇을, 왜 믿는가'를 우리에게 들려 준다. 마침내 여행이 끝나면 우리는 '종교의 역사는 관용의 역사이기도 하다'라는 말을 이해하게 되고, 세계의 문명에 대한 균형된 시각을 가지게 될 것이다. 또한 짚더미에서 보석을 찾는 것처럼 세상의 모든 것들 속에 존재하는 '진실의 알곡'을 찾을 수 있다는 것도 배우게 될 것이다. 다시 말해 "야유하지 말고, 한탄하지 말며, 악담하지 말라. 하지만 이해하려고 노력하라"고 한 스피노자의 말이 우리의 것이 될 터이다.

《르몽드》